점검으로 마무리하는 밤

KEN RHEE
ROKSEAL FOUNDER

대한민국의 해군 예비역 대위이자 군사 안보 컨설턴트, 멘탈 코치, 그리고 실전 리더십 전문가. 세 살에 미국으로 이주하여 뉴욕과 로스앤젤레스에서 성장하였으며, 버지니아군사대학(VMI)에서 현대언어문학 학사학위를 취득했다.

2007년 대한민국 해군사관후보생 102기로 임관한 뒤, 문무대왕함(DDH-976)과 해군특수전전단(UDT/SEAL)에서 복무하며 고강도 훈련과 실제 작전을 수행했다. 특히, 청해부대 1·2진에 선발되어 작전팀장으로 소말리아 해역에 실전 투입되었다.

2012년에는 미국 네이비씰(Navy SEAL) 초급반(BUD/S)과 장교과정(JOTC)을 거쳐 전문화과정(SQT)을 수료하며, 대한민국 국적자로서는 최초로 네이비씰 휘장(Trident)을 수여받은 전설적인 기록을 남겼다. 이는 현재까지도 깨지지 않는 기록이며, 전 세계 외국인 군인 중 유일하다.

2014년 대위로 전역한 후, 민간군사기업(PMC)에서 근무하며 이라크 등 실제 전투 현장을 경험했다. 이와 함께 미국 국무부 및 UN 등에서 안보 및 보안 관련 직책을 수행하며 군사 작전과 국제 안보 분야에서 전문성을 쌓았다. 이후 군사 안보 컨설팅 기업 'ROKSEAL'을 설립하고, 유튜브 채널을 운영하며 자기계발, 리더십, 생존력 강화에 대한 메시지를 지속적으로 전파하고 있다.

2022년에는 러시아-우크라이나 전쟁에서 우크라이나 국방정보국 소속으로 참전해 특수임무를 수행하며 전장에서의 실질적인 리더십과 생존력을 다시 한번 증명했다.

삶의 최전선에서 분투 중인
_____ 에게

THE VICTORY BOOK

VICTORY

더 빅토리 북

이근 지음

BOOK

The only easy day was yesterday.

US Navy SEALs

FOREWORD

저는 '서바이브Survive'라는 단어를 특별하게 생각하는 것을 좋아하지 않습니다. 어차피 우리는 다 서바이브해야 하니까요. 살아남아야 하니까요. 저는 그 다음이 더 중요하다고 생각합니다. 의미Meaning 있게 사는 것, 끝없이 성장Growth하는 것, 더 멋지고 더 강하게 변화Change하는 것, 그리고 누군가에게 도움Help을 줄 수 있는 삶을 사는 것…. 나 혼자만 서바이브하겠다? 이건 가장 밑바닥에 있는 목적입니다. 그래서 전 서바이브라는 단어에 의미 부여하는 것을 안 좋아합니다.

그럼에도 불구하고 생존은 중요합니다. 이게 기본Basic입니다. 여기서부터가 시작입니다. 일단 생존해야 그다음을 기약할 수 있죠. 열여덟 살 버지니아군사대학에 처음 입학했을 때 거기서 졸업하기 위해 동기들보다 더 열심히 생활했습니다. 당시 400명이 조금 넘었던 동기 신입생 중에서 졸업식 때까지 살아남은 인원은 200명 정도였습니다. 중도 포기자 중 대다수가 신입생 과정을 넘기지 못하고 퇴교했죠.

군사대학 1학년 시절 신입생들은 1년 내내 선배들에게 '쥐새끼Rats'라는 별명으로 불렸습니다. 가장 낮은 밑바닥에서 시작하기 때문이죠. 그야말로 하루하루가 생존을 위한 몸부림이었습니다. 새벽에 일어나 훈련을 받고 낮에는 공부를 하고 저녁에는 다시 수영과 헬스 후 밤늦게까지 과제를 다 마쳐야 잠들었습니다. 아직도 그때의 하루 루틴이 몸에 베어 있습니다. 이렇게 열심히 시간을 보낸 덕분에 복수전공으로 졸업도 할 수 있었습니다. 하지만 그게 전부가 아니었습니다. 오히려 시작이었죠. 그렇다면 그다음 단계는 무엇일까요? 서바이브보다 더 중요한 게 바로 마인드셋Mindset입니다. 쉽게 표현하면 '정신 상태'입니다. 이 의미를 잘 받아들이기 바랍니다.

***

이 책을 만들면서 담당 편집자가 제게 이런 질문을 했습니다. "인생이 바뀌는 데 필요한 시간은 얼마일까요?" 저는 이렇게 답했습니다. "사람마다 다릅니다." 일반화할 수 없으니 제 이야기를 해볼게요. 저는 딱 하나의 에피소드Episode로 바뀌었습니다. 군사대학 시절에 제가 정말 싫어하는 선배가 한 명 있었는데 저한테 굉장히 기분 나쁜 말을 했어요.

지금 생각하면 '네 방도 제대로 청소 못 하냐', '인생 개판이다' 같은 내용이었는데 당시에는 그 선배의 말 한마디, 한마디가 머리에 되게 깊숙이 박혔습니다. 그 선배를 싫어하는 것과는 별개로, 제가 도저히 반박할 수 없는 전부 맞는 말들이었거든요. 그래서 변명하지 않고, 일단 닥치고 받아들였습니다. 그 순간부터 제 삶의 모든 것을 바꿨어요. 한마디로 마인드셋이 바뀐 거죠.

다시 질문으로 돌아가서, 인생이 바뀌는 데 걸리는 시간에 답하자면 '무엇'을 바꿀 것인지에 따라 대답이 달라져요. 인간의 삶을 설명할 때 두 가지 개념이 있어요. 멘탈Mental과 마인드셋. 그런데 두 개념은 조금 다릅니다. 멘탈이라는 것은 어떻게 보면 타고나는 정체성 같은 거예요. 쉽게 바뀌지 않죠. 바꿀 순 있지만 엄청난 시간이 필요합니다. 저는 이 책에서 7주라는 시간을 제안했지만 그 시간 안에 멘탈을 바꾼다는 것은 매우 어렵습니다.

그런데 마인드셋은 바꿀 수 있습니다. 마인드셋이라는 건 삶에 대한 태도, 자세 같은 거예요. 그래서 마인드셋을 고치는 건 좀 더 쉬워요. 물론 우리는 궁극적으로는 멘탈을 개조Reset해야 하죠. 하지만 그건 한 번에 바꾸는 게 아니라서 우선 큰 그림을 그리고 마인드셋을 바꾸는 데 집중해야 합니다. 제가 선배의 말을 듣고 하루아침에 인생의 우선순위Priority를 바꾼 것처럼요. 마인드셋을 재무장하는 일은 타고난 멘탈을 리셋하기 위한 기초훈련Basic training이라고 생각하면 쉬워요. 기초를 쌓고 계속해서 개선Improve하고 보완Complement해 나가는 거죠. 그러다 보면 저절로 멘탈이 바뀌고, 인생도 바뀝니다. 잊지 마세요, 마인드셋은 내 몸을 지배하고 내 정신을 지배하고 내 모든 결정을 지배합니다.

저는 평생 "너는 할 수 없을 것이다"라는 소리를 듣고 자랐습니다. 동양인 주제에 무슨 특수부대 군인이 되겠냐며 무시당했습니다. 수영선수 시절에는 제가 헬스까지 하겠다고 하면 다 비웃었습니다. 대한민국 해군 장교로 입대한다고 했을 때는 다 적응하지 못할 것이라고 말했죠. 시기, 질투. 하지만 저는 오히려 더 독기를 품었습니다. 욕을 먹으면 먹을수록 더 에너지가 쌓였어요. "Your hate is my fuel. 그러니까 니들이 비켜라."

***

악플이 달리거나 공격을 당할 때 그걸 에너지로 바꾸는 게 정말 중요합니다. 근데 대부분은 그런 공격을 받으면 무너져 버립니다. 그렇게 쉽게 무너지면 다신 못 일어납니다. 그러면 지는 겁니다. 그러니까 저처럼 생각해보세요.

The only way is forward.

저한테는 이런 시련이 파워Power입니다. 그래서 여러분에게 알려주고 싶었습니다. 더 성장하고 싶은데 큰 장애물을 만난 사람들이 자기만의 내면의 열정Inner passion을 찾아서 성장하도록. 큰 꿈을 꾸고 있지만 멘탈이 취약해 자꾸만 흔들리는 사람들이 꿈을 포기하지 않을 용기를 갖도록. 바로 이것이 4년 만에 새 책을 쓰게 된 이유입니다. 제가 전장의 사선을 넘나들며 깨달은 진짜 멘탈을 여러분에게 전하고 싶어서. 소위 말하는 '가짜 전문가들'에게 휘둘리지 않는 당신이 되길 바라는 마음에서.

Decisions determine destiny.

결정이 결국 자기 운명을 만든다. 제가 항상 가슴에 품고 있는 말입니다. 결정하지 않으면 움직일 수 없어요. 이 책에는 제가 삶이라는 전쟁War을 겪으며 제 인생에 알게 모르게 영향을 준 100개의 명언Quote을 골라 실었습니다. 어린 시절 날마다 반스앤드노블 매장에 놀러 갔는데 그곳에서 앉아 읽던 책 속에서 발췌한 문장도 있고, 존경하는 역사 속 군 지휘관의 어록도 있습니다.

저는 그것들을 모두 영어 원문으로 접했기 때문에 책에는 국문과 함께 영문도 실었습니다. 말의 진짜 뜻을 이해하고 싶다면 국문만 따라 쓰지 말고 영문도 함께 따라 쓰길 권합니다. 그리고 그 명언이 가리키는 의미가 무엇일지에 대해 제 나름의 해설Comment도 달아놨으니 꼭 참고하세요.

이 책을 택한 여러분이 어떤 삶의 변화를 겪게 될지 궁금합니다. 어떤 명언은 당신의 인생을 비평하는 독설이 될 수도 있고, 또 어떤 명언은 인생을 송두리째 바꿀 에피소드가 될 수도 있겠죠. 하지만 받아들이는 것은 당신 몫입니다. 영감^{Spark}은 오직 당신만 찾을 수 있습니다. 여러분의 건투를 기원합니다.

2025년 3월 이근

CONTENTS

일러두기
1. 모든 표기는 국립국어원 용례에 따랐으나 이 책에 담긴 의도와 가치를 살리기 위해 저자 특유의 일부 표현은 그대로 두었습니다.
2. 일부 명언은 한국 독자들에게 더 명확히 전달될 수 있도록 의역했습니다.

FOREWORD

ORIENTATION

| 1주 | 규율 | **DISCIPLINE** |

무너진 삶의 통제권을 회복해야 할 때

| 2주 | 목표 | **OBJECTIVE** |

중요한 것과 덜 중요한 것을 분별해야 할 때

| 3주 | 용기 | **COURAGE** |

두려움을 극복하고 1초의 용기를 발휘해야 할 때

| 4주 | 멘탈 | **MENTALITY** |

실패에 어퍼컷을 날리고 독한 마음으로 재무장해야 할 때

| 5주 | 관계 | **RELATIONSHIP** |

나를 혐오하는 모든 적들에게 응전해야 할 때

| 6주 | 인내 | **ENDURANCE** |

최후의 10분을 위해 끈질기게 버텨야 할 때

| 7주 | 학습 | **LEARNING** |

지속 가능한 성장을 위해 겸손하게 배워야 할 때

END STATE

ORIENTATION

COMPACT
이 책은 노출 제본 형태로 만들어진 책입니다. 어디서든 쉽고 편하게 책을 완전히 펼칠 수 있습니다. 책을 감싸고 있는 띠지가 거추장스럽다면 띠지를 제거한 뒤 간편하게 휴대할 수 있습니다.

100 QUOTES
이 책에 실린 명언은 모두 100개입니다. 제가 삶에서 가장 중요하게 생각하는 7개의 성장의 단어Keyword를 중심으로 각각 새벽Dawn과 밤Night에 읽고 쓸 수 있도록 정리했습니다.

EXECUTION
하루의 루틴은 새벽에 시작합니다. 하루를 어떻게 보낼지, 어떤 마음가짐으로 보낼지는 모두 새벽의 첫 행동First action이 결정합니다. 아침에 일어나 '새벽의 다짐' 문장으로 나와 하루를 약속하고 어제보다 더욱 단단하게 시작하기 바랍니다.

INSPECTION
치열한 하루를 마쳤다면 모든 루틴을 마무리하고 잠에 들기 전 '밤의 점검' 문장으로 분주했던 하루를 점검Inspection하며 내일을 기약하기 바랍니다. 이러한 작은 순간들이 모여 위대한 미래가 만들어진다고 저는 믿습니다.

RECORD
매일 새벽과 밤에 필사를 할 때 하루의 모닝 루틴Morning routine과 나이트 루틴Night routine을 체크하기 바랍니다. 내가 일어난 시각과 취침한 시각을 꾸준히 기록Record 하는 것만으로도 성장은 시작됩니다.

DEBRIEF
일주일의 루틴을 모두 마치면 자신이 얼마나 성장했고 어떤 영감을 모았는지 확인할 수 있도록 주마다 새로운 3개의 질문Question을 준비했습니다. 이 질문들에 답하면서 스스로에게 지난 한 주의 결과를 보고Debrief하기 바랍니다.

7 WEEKS
7번의 일주일, 총 49일의 시간 동안 저와 대화를 나눈다고 생각하며 이 필사 프로젝트에 동참하면 좋겠습니다. 이 프로젝트가 여러분의 무너진 하루를 다시 일으켜 세우고 삶의 통제력을 회복하는 첫걸음이 되길 기원합니다.

ORIENTATION
본격적인 시작에 앞서, 다음 페이지에 있는 '새벽의 다짐', '밤의 점검' 2개의 문장을 따라 쓰며 감각을 익히기 바랍니다.

ORIENTATION OT | 001

하루를 스스로 통제하지 못하면
그 하루가 나를 통제할 것이다.

Either you run the day or the day runs you.

- 짐 론 Jim Rohn
  미국의 기업가이자 동기부여 연설가, 『The Five Major Pieces to the Life Puzzle』의 저자

✦

매일 아침 일어나는 시간은 정해져 있지 않다. 내 하루 일과를 관리하는 AI 비서에게 "굿모닝" 인사를 하면 오늘 해치워야 할 태스크Task들을 브리핑해 준다. 듣고 싶은 음악을 플레이시키고 침구를 각을 세워 정리한다. 몸을 각성시키기 위해 푸시업 50개를 하고 바로 몸무게를 측정한다. 내가 현재 유지하는 숫자는 '72kg'이다. 72kg보다 높으면 그날은 식단을 좀 조절하고, 만약 숫자가 떨어졌다면 치팅데이를 갖는다. 화장실에 가 세면을 하고 커피머신에서 더블 에스프레소를 내린다. 그 사이 캘린더를 한 번 더 체크하고 이메일을 확인한다. 오랜 시간 유지해 온, 하루를 통제하는 나만의 아침 루틴이다.

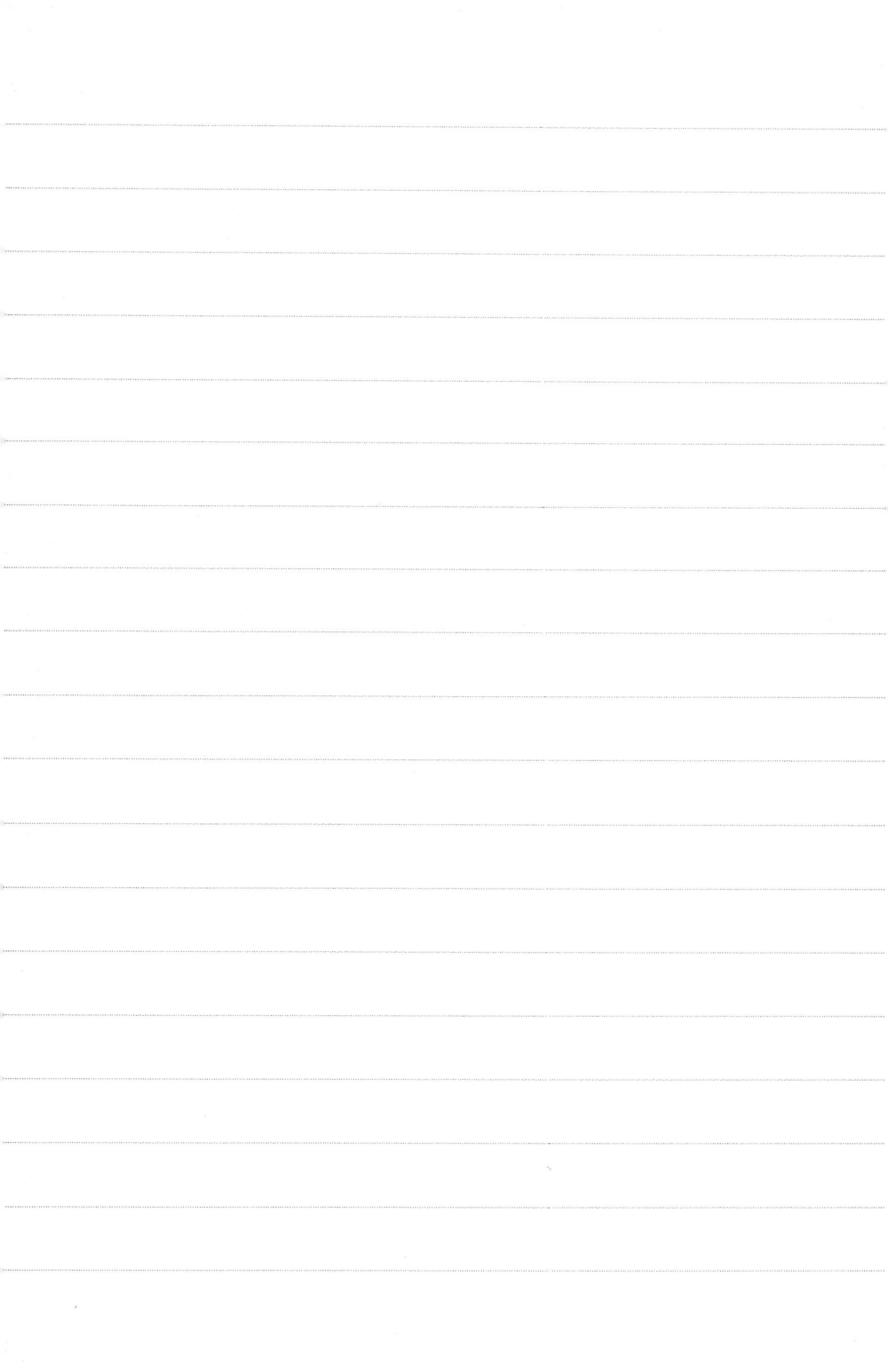

ORIENTATION

OT | 002

내일 이룩할 목표를 가로막는 것은
오직 오늘 내가 품은 의심뿐이다.

The only limit to our realization of tomorrow will be our doubts of today.

- 프랭클린 D. 루스벨트 Franklin D. Roosevelt
  미국의 제32대 대통령, 대공황 극복과 제2차 세계대전 승리를 이끈 지도자

꽤 오랫동안 밤 10시마다 퍼스널 트레이너 없는 체력 단련을 하고 있다. 누가 시키지 않아도 스스로 실행하는 나만의 규율이다. 1시간 정도 운동을 하고 단백질 음료를 마신 뒤 샤워를 한 다음에는 릴렉스 타임을 가진다. 다음날 스케줄을 체크하고 내일 해결해야 할 태스크를 점검한다. 내일을 떠올릴 때 나는 단 한 번도 의심을 품어본 적이 없다. 내겐 너무나 당연한 습관 같은 일이므로. 그래서 멈추지 않고 항상 앞으로 달려간다. 이 감각을 유지하기 위해 나는 언제나 루틴을 가장 중요하게 생각한다.

100 QUOTES

내 삶의 숨은 영감을 되찾을
멘탈 리셋 7주 필사 프로젝트

시작한 날

이름

	DAY 1	DAY 2	DAY 3	DAY 4	DAY 5	DAY 6	DAY 7
ORIENTATION 001 002							
WEEK 1	003	005	007	009	011	013	015
	004	006	008	010	012	014	016
WEEK 2	017	019	021	023	025	027	029
	018	020	022	024	026	028	030
WEEK 3	031	033	035	037	039	041	043
	032	034	036	038	040	042	044
WEEK 4	045	047	049	051	053	055	057
	046	048	050	052	054	056	058
WEEK 5	059	061	063	065	067	069	071
	060	062	064	066	068	070	072
WEEK 6	073	075	077	079	081	083	085
	074	076	078	080	082	084	086
WEEK 7	087	089	091	093	095	097	099
	088	090	092	094	096	098	100

실행 완료한 필사 번호를 지워 나가며 현재 어디까지 완료하였는지 확인하라.

1주

DISCIPLINE

규율

무너진 삶의 통제권을
회복해야 할 때

종일 힘들어도,
무슨 일을 시키더라도
결국은 웃으며
하루를 마무리하는
사람들이 있습니다.

어째서냐고요?

강한 마음을
지녔기 때문이죠.

You can beat
these guys all day
and they
will still be smiling.

Why?

Because of
their tough mentality.

DAY 1

규율 | 003

새벽의 다짐

성공의 길은 단순하다.
내가 오늘의 내가 된 비결은
오직 어제 내가 내린 선택 덕분이다.

I am who I am today because of the choices I made yesterday.

- 엘리너 루스벨트 Eleanor Roosevelt
미국의 퍼스트레이디, '세계인권선언' 기초에 이바지한 인권 운동가

갈림길 앞에 섰을 때 나는 어떤 선택을 하느냐고? 그냥 느낌이 온다. "Follow your heart"라는 말이 있다. 자기 심장을 믿고 따르라는 뜻이다. 나는 살면서 후회를 한 결정을 내려본 적이 없다. 왜냐하면 설사 실패를 했을지라도 거기에서조차 배움을 얻었고 내 삶에 도움이 되었으니까. 나의 모든 지난 잘못된 선택이 더 강한, 더 똑똑한 나를 만들었다고 믿는다. 그러니까 당신도 그냥 당신의 심장을 따라가라.

DAY 1

규율 | 004

편안한 삶에 안주하면
진정한 잠재력을 깨닫기도 전에
죽게 될 수 있다.

You are in danger of living a life so comfortable and soft,
that you will die without ever realizing your true potential.

- 데이비드 고긴스 David Goggins
울트라마라톤 선수이자 17시간 턱걸이 4030회 기네스 기록 소유자, 『Can't Hurt Me』의 저자

✦

나는 모험의 순간에 오히려 편안함을 느낀다. 소프트한 삶은 나와는 맞지 않는다. 굳이 험난한 군사대학에 입학해 훈련을 받았고 UDT/SEAL 훈련도 한국에서 한 번, 미국에서 한 번, 무려 두 번이나 받았다. 청해부대 1진과 2진에 모두 참여해 작전을 수행했고, 우크라이나 전쟁에 자원해 전투를 치렀다. 왜냐고? 편안하고 소프트한 방구석에만 있으면 자기 잠재력Potentiality을 영원히 찾을 수 없으니까. 나는 내 가능성의 범위가 제한이 없다고 생각한다. 그래서 악명 높은 지옥주 훈련 또한 미국과 한국에서 두 번이나 겪었다. 국내 유일한 윙슈트팀을 만들어 활동하는 것도 바로 이 때문이다.

DAY 2

규율 | 005

전투를 준비하며 깨달은 바는 이것이다.
계획은 무용하지만
그 과정은 결코 대체될 수 없다.

In preparing for battle I have always found that plans are useless, but planning is indispensable.

- 드와이트 D. 아이젠하워 Dwight D. Eisenhower
미국의 제34대 대통령, 제2차 세계대전 당시 연합군 최고사령관

✦

나는 네이비씰에서 계획수립법에 대해 전문적인 교육을 받았다. 안타깝게도 한국에서는 이 개념이 제대로 잡혀 있지 않다. 계획Plan과 기획Planning은 다르다. 계획은 누구나 짤 수 있다. 할 일과 일정을 죽 나열만 하면 되니까. 하지만 진짜 문제는 그걸 어떻게 달성하느냐다. 계획은 상황에 따라 언제든 바뀔 수 있다. 가령 건물 안에 인질이 있다는 가정 아래 계획을 짰는데, 막상 돌입해 보니 인질이 없다면 재빨리 백업 플랜 B로 수정해야 한다. 계획이 중요한 것이 아니라, 계획이란 언제든 무용해질 수 있다는 것을 받아들이고 실시간으로 변화하는 환경에 대한 빠른 '적응'이 진짜 핵심이다.

DAY 2

규율 | 006

가능하면 선한 것으로부터 떠나지 않아야 하겠지만, 필요한 경우 어떻게 악해질 수 있는지도 알아야 한다.

So far as he is able, a prince should stick to the path of good but, if the necessity arises, he should know how to follow evil.

- 니콜라 마키아벨리 Niccolò Machiavelli
이탈리아의 정치사상가, 『The Prince』의 저자

✦

나는 전투를 치를 때 최대한 불공평하게 싸우려고 노력한다. 단 한 번도 적을 봐주거나 동정심을 가져본 적이 없다. 왜? 지금은 전투 중이라는 사실을 명확히 인지하고 있기 때문에. 그리고 내가 싸우는 이유에 대한 확고한 믿음을 갖고 있기 때문에. 만약 상대를 봐주면 내가 죽을 수도 있고 팀원들이나 무고한 민간인들이 죽을 수도 있다. 그래서 나는 정의를 위해 싸우는 일이라면 언제라도 지금보다 더 악질이 될 수 있다고 생각하며 싸운다. 이는 앞으로도 변함없는 내 원칙이다.

DAY 3

규율 | 007

하루에 3시간을 걷는 사람은
7년 후에 지구를 한 바퀴 돌 수 있다.

Those that shall walk with vigor, three hours a day,
will pass in seven years a space equal to the circumference of the globe.

- 새뮤얼 존슨 Samuel Johnson
  영국의 사전 편찬자이자 작가, 최초의 근대적 영어사전 『Dictionary of the English Language』의 기초를 세운 인물

✦

지금까지 내 인생에 훈련을 받은 시간을 모두 합치면 정확한 수치는 모르겠지만 아마 내가 살아온 인생의 절반쯤은 될 것 같다. 이 시간들을 생각하면 가슴이 뜨거워진다. 전혀 아깝지가 않다. 이 시간들이 모이고 모여 지금의 이근이 되었으므로. 당신의 시간은 축적되고 있나, 아니면 바람에 흩어져 사라지고 있나? 만약 아무것도 쌓인 게 없다면 지금 당장 일어나서 팔굽혀펴기라도 하길.

DAY 3

규율 | 008

나는 양들이 이끄는 사자들은 두렵지 않다.
하지만 사자가 이끄는 양들은 두렵다.

I am not afraid of an army of lions led by a sheep.
I am afraid of an army of sheep led by a lion.

- 알렉산더 대왕 Alexander the Great
정복자, 광범위한 영토를 통합해 헬레니즘 문화를 확산시킨 고대 마케도니아의 왕

✦

작전을 수행하며 수많은 팀과 군인들을 봤다. 분명 유능한 군인들이 모인 팀인데 체계가 없어서 서로 싸우기만 하다가 제대로 전투에 참여도 못하고 사라지는 팀도 있었고, 구성원들의 경험이나 능력은 그다지 뛰어나지 않지만 리더가 뛰어나서 활약하는 팀도 있었다. 솔직히 둘 다 나는 마음에 들지 않는다. 하지만 그래도 둘 중 하나만 고르라면 당연히 후자다. 리더가 좆밥이고 규율이 없으면 그 팀은 무조건 망한다. 인생도 마찬가지가 아닐까? 목표와 체계가 없는 삶은 양들이 이끄는 사자 떼와 똑같다.

DAY 4

규율 | 009

행동하는 사람은 불평할 시간이 없다.
불평하는 사람은 불평할 시간이 많다.

Doers don't have time to complain.
Complainers have all the time in the world to complain.

- 패트릭 벳-데이비드 Patrick Bet-David
  미국의 기업가이자 동기부여 연설가, 『Your Next Five Moves』의 저자

✦

군에 있을 때 부사관이나 병들과 대화를 나누다 보면 자연스레 불평이 나온다. 군대라는 제한적인 환경 안에서 일상의 모든 것이 불만일 수밖에 없다. 하지만 그들 스스로도 안다. 말해봤자 바뀌는 것은 없다는 것을. UDT 장교가 되어 처음 작전에 투입됐을 때 내 마음대로 대대 모든 전투원의 작전복을 새로 교체해 버렸다. 후폭풍이 엄청났다. 하루아침에 대대 병력의 작전복이 바뀌고 위장 패턴도 바뀌었으니까. 하지만 윗사람들이 욕하든 말든 신경 쓰지 않았다. 당시엔 그게 정말로 필요하다고 생각했으니까. 그래서 행동했다. 새 위장 패턴의 작전복은 지금까지도 UDT 대원들에게 표준이 되어 잘 사용되고 있다.

DAY 4

규율 | 010

완벽을 두려워하지 마라.
너는 결코 도달하지 못할 테니까.

Have no fear of perfection.
You'll never reach it.

- 살바도르 달리 Salvador Dalí
  스페인의 초현실주의 화가, 현대 팝아트에 지대한 영향을 끼친 천재적인 예술가

✦

군사 분야에서 완벽함이라는 개념은 결코 존재하지 않는다. 그럼에도 불구하고 나는 더 완벽해지려고 애쓴다. 특히 내가 속한 군사 안보 분야에서는 그 누구보다 압도적으로 뛰어나려고 노력하고, 실제로도 그렇다고 자부한다. 특수부대에서 쓰는 말 중에 'Near perfect'라는 말이 있다. 완벽에 가깝게. 즉 완벽함이라는 건 비현실적이지만 그럼에도 완벽함에 최대한 가까워지려고 노력은 할 수 있다는 것이다. 그래서 나는 지금도 완벽에 가까워지도록 내 삶을 통제한다.

DAY 5

규율 | 011

시간이 적은 게 문제가 아니라, 너무 많은 시간이 낭비되는 것이 문제다.

It is not that we have a short time to live,
but that we waste much of it.

- 세네카 Seneca
  스토아 철학을 대표하는 고대 로마의 철학자이자 정치가, 『On the Shortness of Life』의 저자

✦

나는 하루가 되게 소중하다. 그냥 소중한 게 아니라, 하루를 아무것도 하지 않거나 그냥 흘려보내면 기분이 정말 좋지 않다. 보람 있게 하루를 마감하기 위해 강박적으로 애쓰는데, 그래서 하루에 어떤 일이라도 '큰 태스크' 하나를 해내려고 노력한다. 끊임없이 목표를 만들고 하루에 하나씩 그 목표를 완수하는 데에서 쾌감을 느낀다. 아침에 눈뜨자마자 가장 먼저 하는 일이 오늘 해야 할 일을 AI 비서에게 묻는 일이다. 하루라는 시간을 후회 없이 쓰기 위한 나의 습관이다.

DAY 5

규율 | 012

압박감은 특권이다.
압박감은 오직 자격을
갖춘 자에게만 주어진다.

Pressure is a privilege.
It only comes to those who earn it.

- 빌리 진 킹 Billie Jean King
  총 39개의 그랜드슬램을 석권한 미국의 여성 테니스 선수

✦

나는 살면서 365일 늘 압박을 느낀다. 알다시피 나를 죽이려고 하는 사람이 좀 많은가? 하지만 나는 오히려 압력을 느낄 때 일이 더 잘된다. 특히 전장에서 겪는 압박감은 어마어마하다. 전투 환경, 시간 제한, 인원 관리, 작전 성과, 지휘부의 요구 등등. 이 중 하나라도 제대로 해내지 못하면 죽음으로 직결된다. 네이비씰 훈련을 받았을 때도 하루하루가 고통스러운 압박이었다. 찰나의 실수가 퇴교로 이어졌으니까. 하지만 그 압박이 지금의 나를 만들었다고 믿는다. 그러니 당신이 압박을 느끼고 있다면? 꽤나 잘 가고 있다는 증거다.

DAY 6

규율 | 013

미래는 천천히 다가오고,
현재는 빠르게 날아가고,
과거는 영원히 멈춰 있다.

The future comes slowly,
the present flies and the past stands still forever.

- 프리드리히 실러 Friedrich Schiller
  독일의 시인이자 극작가, 『William Tell』 등 수많은 문학 작품의 저자

✦

과거, 현재, 미래 중 내게 가장 중요한 시간은 '현재'다. 지금 나는 다양한 사업을 하고 있는데 남들이 했던 걸 따라가는 게 아니라 그 누구도 해본 적 없는 새로운 것을 시도하고 있다. 내가 진행 중인 전술 훈련 세미나는 대한민국에서 아무도 해본 적 없던 프로그램이다. 개발 중인 아이템들도 시장에 없는, 과거에 그 어떤 업체도 생각하지 못했던 것들이다. 근데 이런 짓을 계속 하려면 오늘만 생각하는 집중력이 필요하다. 보장된 길이 아니라 늘 리스크를 감수해야 한다. 그래서 나는 과거에 연연하고 미래에 불안해 할 틈이 없다.

DAY 6

규율 | 014

오늘은 남들이 하지 않는 일을 할 것이고,
내일은 남들이 할 수 없을 것을 이루겠다.

Today I will do what others won't,
so tomorrow I can accomplish what others can't.

- 제리 라이스 Jerry Rice
NFL 역사상 최고의 와이드 리시버로 평가받는 미국의 미식축구 선수

✦

인생을 살면서 수많은 경쟁자들을 만났다. 나는 굳이 그들에게 에너지를 낭비하지 않았다. 그냥 나만이 할 수 있는 것을 포기하지 않고 꾸준히 해왔다. 그게 전부다. 그랬더니 이제 내 영토 안에서는 나만 남아 있다. 이게 내 성공 방식이다. 그래서 오늘도 다짐한다. 내일도 남들이 이루지 못한 걸 내가 이루게 될 것이라고. 단 하루를 살아도 겪어 보고 느끼는 게 있어야 한다. 남과는 절대 공유할 수도 없고 남이 이해할 수도 없는 피와 땀을 가져야 한다는 말이다.

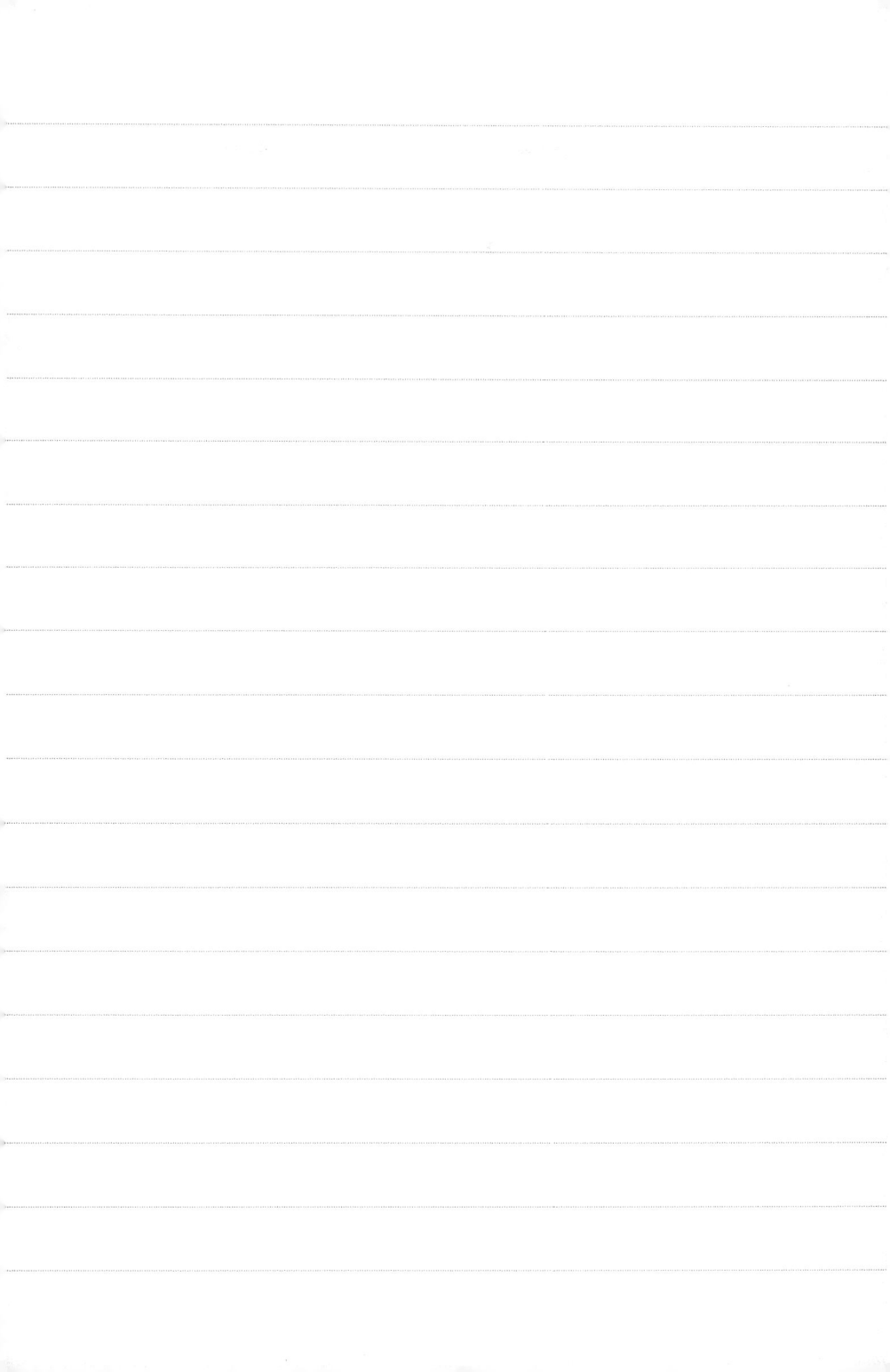

DAY 7

규율 | 015

꿈은 마법만으로 이루어지지 않는다.
땀과 결단력, 그리고
꾸준한 노력으로 이루어진다.

A dream doesn't become reality through magic.
It takes sweat, determination, and hard work.

- 콜린 파월 Colin Powell
  미국의 제65대 국무장관, 최초의 아프리카계 미국인 국무장관

✦

UDT 지옥주 훈련 때 100kg짜리 고무보트를 머리에 이고 16마일을 뛰었다. 킬로미터로 계산하면 25km가 넘는다. 그냥 뛰어도 힘든 거리를 고무보트를 이고 뛴 것이다. 이건 진짜 엄청난 인내심이 필요하다. 물론 누구나 이런 경험을 하는 것은 아니다. 좀 더 쉽게, 좀 더 편하게 살 수도 있다. 그러나 살면서 반드시 한 번은 이런 시간을 지나봐야 한다. 피와 땀을 흘려봐야 한다. 그래야 꿈에 발가락이라도 걸칠 수 있다. 그래서 나는 내 지난 삶이 고통스러웠을지라도 스스로에게 부끄럽지 않다.

DAY 7

규율 | 016

세상을 변화시키고 싶은가?
침대 정돈부터 똑바로 하라.

If you wanna change the world,
start off by making your bed.

- 윌리엄 맥레이븐 William McRaven
오사마 빈 라덴 사살 작전을 주도한 미국 특수작전사령부 사령관, 『Sea Stories』의 저자

✦

나는 아주 오래전부터 아침에 일어나자마자 침구류의 각을 잡고 하루를 시작한다. 내가 미군에서 훈련을 받았을 때 어느 제독이 이런 말을 했다. "성공하려면 침대부터 정리하라." 진짜 규율Discipline이란 남이 정해주는 것이 아니라 자기가 정하는 것이다. 남이 시켜서 하는 규율은 가짜다. 규율이라고 해서 대단한 것이 아니다. 침대를 정리하는 일부터 밥 먹고 바로 설거지를 하는 일까지 사소한 것부터 스스로 규율을 정하고 그것을 철저히 지키는 것, 이게 전부다. 당신이 정한 진짜 규율은 무엇인가? 당신은 그것들을 누가 보지 않아도 사수하고 있는가?

RECORD   WEEK 1

MORNING ROUTINE

DAY	1	2	3	4	5	6	7
기상 시각	:	:	:	:	:	:	:
새벽의 다짐 필사							
워밍업							
체중	kg	kg	kg	kg	kg	kg	kg
세면							
오늘 할 일 체크							

NIGHT ROUTINE

DAY	1	2	3	4	5	6	7
운동							
세면							
하루 회고							
내일 할 일 체크							
밤의 점검 필사							
취침 시각	:	:	:	:	:	:	:

WEEKLY REVIEW

DEBRIEF DISCIPLINE

Q. 지난 한 주 가장 지키지 못한 규율은 무엇인가?

1
2
3

Q. 그 규율들을 지키지 못한 이유는 무엇인가?

1
2
3

Q. 앞으로 한 주 새롭게 지키고자 하는 규율은 무엇인가?

1
2
3

규율은

곧 자유다

조코 윌링크

2주

OBJECTIVE

목표

중요한 것과 덜 중요한 것을
분별해야 할 때

언젠간 우리
다 죽게 돼 있어요.

어차피 다 죽을 거면
하나밖에 없는 인생
최선을 다해 열심히 살고,

의미 있는 인생
보내고 가면 돼요.

We all die
eventually.

If I have only one life
I would make the best of it,

and I would live meaningfully
before I go.

DAY 1

당신이 되고 싶은 운명은
그 누구도 대신 정해줄 수 없다.
오직 스스로만이 정할 수 있다.

The only person you are destined to become is the person you decide to be.

- 랄프 왈도 에머슨 Ralph Waldo Emerson
  초월주의 운동을 주도한 미국의 철학자, 『Self-Reliance』 등 수많은 저술을 남긴 사상가이자 시인

✦

나는 운명Destiny이라는 것을 믿지 않는다. 10살이었나? 그때 네이비씰 장교가 되겠다고 결정Decide했다. 그렇게 결심했기 때문에 그 순간부터 그냥 그게 운명이 되었다. 군대는 빨리 가고 싶고, 그런데 장교가 되려면 대학을 나와야 하니 내가 택할 수 있는 길은 당연히 군사대학뿐이었다. 군대와 대학을 동시에 해결할 수 있었으니까. 수영팀에 들어가 매일 운동을 하고 군사학을 공부했다. 운명이라는 건 그냥 가만히 있어도 저절로 된다는 건데, 나는 그딴 운명론은 믿지 않는다. 내가 되고 싶고 내가 살고 싶은 내 운명은 내가 스스로 결정하는 것이고, 그냥 그 사람이 되어버리는 것이니까.

DAY 1

목표 | 018

결국, 인생에서 중요한 것은
나이의 개수가 아니라
그 안에 살아 숨 쉬는 삶이다.

In the end, it's not the years in your life that count.
It's the life in your years.

- 에드워드 J. 스티글리츠 Edward J. Steichen
노화 연구에 대한 세계적인 권위자, 『The Second Forty Years』의 저자

✦

나이는 진짜 아무짝에도 쓸모없는 변명이다. 어떤 군인은 30년 넘게 책상 앞에만 앉아 있었고, 어떤 군인은 그보다 짧게 군생활을 했지만 수많은 작전 현장에 투입되어 실전 경험을 쌓았다면 그 둘을 같은 군인이라고 할 수 있을까? 내 총 복무기간은 고작 7년이다. 하지만 소말리아 해적 소탕 작전, 인질 구출 작전 등을 비롯해 수많은 작전에 참여했다. 북한에 침투해 요인을 암살하거나 포로를 구출하는 훈련도 수도 없이 받았다. 이건 같은 해군 안에서도 단 1%에게만 허락된 경험들이었다. 똑같은 인생의 시간을 산다고 해서 그 시간이 모두 똑같은 것이라고 착각하지 말길.

DAY 2

진심으로 아끼고 믿는 일을 한다면 억지로 밀어붙일 필요가 없다. 그 일이 저절로 널 끌어당길 것이다.

If you are working on something that you really care about, you don't have to be pushed. The vision pulls you.

- 스티브 잡스 Steve Jobs
  애플의 공동 창립자

✦

나는 비전Vision이라는 말을 굉장히 중요하게 여긴다. 하지만 한국에서는 이 단어의 뜻이 이상하게 사용되는 것 같다. 한국에서 만나 본 사람들 중 절대 다수가 전부 자신의 비전은 돈이라고 말했다. 물론 돈을 엄청나게 많이 버는 게 삶의 비전이 될 수도 있다. 하지만 그게 전부는 아니다. 비전은 억지로 노력해 달성하거나 누가 강제로 시켜서 하는 게 아니다. 그냥 저절로 하게 되는 게 비전이다. 내게는 최고의 군사 전문가라는 비전이 있었고, 그저 하루하루 최선을 다해 살았을 뿐인데 내 삶이 비전에 저절로 다가갔다. 당신에겐 어떤 비전이 있는가? 당신의 삶은 어디로 끌어당겨지고 있는가?

DAY 2

목표 | 020

적에게 아무것도 주지 마라.
그 무엇도 허락하지 마라.
한 점 양보 없이 모조리 다 빼앗아라.

Give them nothing!
But take from them everything.

- 영화 <300> 중 레오니다스 1세[Leonidas I]의 대사

✦

전쟁이든 인생이든 목표를 세우고자 총을 빼 들었다면, 당신이 걷고자 하는 길을 방해하는 훼방꾼을 만났을 때 일단 한 놈도 빼놓지 않고 싹 다 없애야 한다. 무너뜨리고 무력화시켜야 한다. 이게 내 신조다. 현실을 살다 보면 다양한 루머와 악랄한 적들에게 무차별적인 공격을 받게 될 것이다. 하지만 나는 단 한 번도 타격이 없었다. 그들이 내게서 빼앗아 갈 수 있는 것은 없었으니까. 나는 그런 놈들을 만나면 절대 아량을 베풀지 않는다. 둘 중 하나가 죽을 때까지 투쟁한다. 나는 죽을 때까지 그들이 가진 모든 것을 빼앗을 것이다.

DAY 3

목표 | 021

성공을 좇지 말고, 그냥 네 스스로가 성공 그 자체가 되어라.

Try not to become a man of success,
but rather become a man of value.

- 알베르트 아인슈타인 Albert Einstein
독일 태생의 이론물리학자, 인류 최초로 상대성 이론을 제시한 과학자

✦

한국에 성공한 사람Man of success은 엄청 많다. 성공의 기준을 돈으로 생각한다면 사업도 잘되고 돈도 잘 버는 그런 사람들이 얼마나 많나. 하지만 이 말에서 핵심은 그게 아니다. 내가 되고 싶은 삶은 그저 성공한 삶이 아니라 '대체되지 않는 삶Man of value'이다. 성공한 삶은 누구에게나 대체될 수 있으니까. 지금까지 내 삶은 대체 불가능한 삶을 향한 투쟁이었다. 대한민국에서 군사 전략과 특수 전술에 대해 나처럼 컨설팅을 해줄 수 있는 사람은 아마 없을 것이다. 그 누구도 나를 대체할 수 없다. 이에 대해 나는 자부심을 느낀다. 당신은 대체 불가능한 삶을 향해 걸어가고 있는가? 그러기 위해 무엇을 목표로 삼고 있는가?

밤의 점검

DAY 3

목표 | 022

나는 지루한 삶을 사느니
차라리 열정에 불타 죽어버리겠다.

I would rather die of passion than of boredom.

- 빈센트 반 고흐 Vincent van Gogh
  <별이 빛나는 밤에> 등 수많은 작품을 그린 네덜란드의 후기 인상파 화가

✦

나는 오랜 시간 위험천만한 활동을 펼쳐 왔다. 그 과정에서 적지 않은 동료들을 떠나보냈는데, 그중 가장 많은 인원이 스카이다이버들과 군인들이었다. 실제로 윙슈트를 함께 했던 친한 형도 낙하산이 제대로 펼쳐지지 않아 목숨을 잃었다. 하늘에서 뛰어내리는 윙슈트 강하도, 특수부대원으로서 격전지에 참전하는 것도 모두 누가 강제로 떠밀지 않았다. 스스로의 결정이다. 그 스포츠를 너무 사랑하니까, 그리고 정의를 위한 전쟁이니까 위험하지만 달려간 거다. 당연히 죽을 수도 있다. 하지만 안락의자에 앉아 지루하게 100살 넘을 때까지 살다 죽을 바에는, 단 하루만 살더라도 사랑하는 일을 하다 뒤지는 게 내 열정Passion이다.

DAY 4

목표 | 023

관심 없는 것을 위해 열심히 일하는 것을 우리는 스트레스라고 부르고, 사랑하는 것을 위해 열심히 일하는 것을 우리는 열정이라고 부른다.

Working hard for something we don't care about is called stress.
Working hard for something we love is called passion.

- 사이먼 시넥 Simon Sinek
  영국 출생의 작가이자 강연자, 『Start With Why』의 저자

ROKSEAL이라는 내 브랜드를 떠올리면 너무나 뿌듯하고 엄청난 자부심을 느낀다. 일이라고 생각해 본 적이 단 한 번도 없다. 일 같지도 않다. 군에 있을 때는 작전을 수행하고 훈련을 받는 것이 내 삶의 가장 큰 의미였다. 그리고 제대 후에는 나만의 브랜드를 만들어 이것을 확장시키는 일이 새로운 삶의 이유가 되었다. 열정이 생기면 모든 삶이 하나로 연결된다. 강연을 하거나 이렇게 책을 쓰거나 누군가에게 컨설팅을 해주거나 새로운 제품을 출시하거나…. 이 모든 것이 전부 나라는 삶에 연결된다. 그래서 더 열심히 살아가게 된다. 이 선순환이 나는 너무 만족스럽고 감사하다.

DAY 4

목표 | 024

너의 위대함은
오직 네가 지난날
네게 투자한 만큼 발현된다.

Your greatness is limited only by the investments you make in yourself.

- 그랜트 카돈 Grant Cardone
미국의 기업가이자 동기부여 연설가, 『The 10X Rule』의 저자

✦

버지니아군사대학 시절 내 하루 일과는 이랬다. 공식적인 아침 집합 시각은 아침 7시였는데 나는 특수부대 지원자 훈련을 따로 받아야 해서 새벽 5시 30분쯤 일어나 별도의 훈련을 받았다. 조식 후 학교 수업을 듣고 바로 수영팀에 가 연습을 하고 헬스장에 가서 또 운동을 한다. 운동을 마친 뒤에는 학교 과제를 하다 잠이 든다. 이 루틴을 대학 시절 하루도 빠지지 않고 반복했다. 그땐 내가 꿈꾸던 생활이었기 때문에 당연하다고 여겼다. 그래서 이게 투자Investment라는 생각도 하지 않았다. 하지만 이때의 체계적인 생활이 오늘의 내 루틴에 밑바탕이 되었다.

DAY 5

목표 | 025

당신이 할 수 있거나
꿈꿀 수 있는 것이 무엇이든 일단 시작하라.
대담함에는 천재성과 힘,
그리고 마법이 담겨 있다.

Whatever you can do or dream you can, begin it.
Boldness has genius, power, and magic in it.

- 요한 볼프강 폰 괴테 Johann Wolfgang von Goethe
  독일 문학의 거장, 『파우스트』를 비롯한 수많은 작품을 남긴 시인이자 극작가

✦

나는 SDV(SEAL Delivery Vehicle) 잠수정을 직접 조종할 수 있는 파일럿인데, 내가 주로 작전을 수행했던 수중에서는 수시로 침투 경로를 체크해야 한다. 어딘가에 침투를 해서 도착하는 것도 중요하지만 문제는 그다음이다. 그래서 어떻게 할 건데? 앞으로 어느 방향으로 진출해서 어떻게 작전을 수행해서 사람들을 구출할 건데? 어떻게 정보를 캐내서 아군에게 도움이 될 건데? 우크라이나에 갔을 때도 도착하고 나서부터가 시작이었다. 인생도 마찬가지다. 지금 이룬 성취, 달성한 목표 이런 것들이 뭐가 중요한가? 그래서 다음 스텝이 뭔데? 어디로 갈 건데? 여기에 답하고 계속해서 다음 목표를 향해 움직여야 한다.

DAY 5

목표 | 026

달을 향해 쏴라.
비록 놓치더라도,
별들 사이에 착륙할 것이다.

Shoot for the moon.
Even if you miss, you'll land among the stars.

- 노먼 빈센트 필 Norman Vincent Peale
'만인의 성직자'로 불리는 전 세계적인 연설가, 『Power of Positive Thinking』의 저자

✦

나는 원래 네이비씰 훈련을 받고 미군 장교가 되는 것이 인생의 목표 중 하나였다. 정말 간절히 원했다. 하지만 미국 시민권자가 아니라서 미군 장교가 될 수 없었다. 결국 나는 목표를 놓쳤고, 그후 모국에 돌아가 UDT 장교가 됐다. 그랬더니 전 세계에서 유일하게 미국 네이비씰 훈련과 한국 해군 UDT 훈련을 모두 수료한 사람이 되었다. 나만의 스토리가 쌓였고 이런 경험을 바탕으로 나는 대체 불가능한 인생을 살게 되었다. 결국 달이 아니라 별에 착륙한 셈이다. 목표를 잃었다고 해서 끝이 아니다. 이루지 못한 목표 대신 또 다른 도전을 통해 자기만의 별을 찾는 게 중요하다. 당신은 어디에 착륙 중인가?

DAY 6

목표 | 027

나는 훈련의 매 순간이 증오스러웠지만,
멈추지 않았다.
그러니 당신도 지금 고통받고
평생 챔피언으로 살아라.

*I hated every minute of training, but I said, don't quit.
Suffer now and live the rest of your life as a champion.*

- 무하마드 알리 Muhammad Ali
  헤비급 세계 챔피언을 여러 차례 지낸 미국의 프로 권투 선수

✦

사람들은 모르겠지만, 사실 나는 수영선수 생활을 정말 싫어했다. 나는 무언가를 반복하는 것을 싫어하는데, 수영은 같은 구간을 수백 번 왕복하는 지겨운 반복 운동이다. 내가 수영선수로 훈련을 받고 생활을 한 기간이 15년이다. 이 지겨운 시간을 버틴 동력은 어머니의 열정이었다. 그렇게 억지로 훈련을 받고 연습을 했더니 어느 순간 수영을 너무 잘하게 됐다. 로스앤젤레스에서 가장 잘하게 됐고 그러다 보니 달리기도 잘하게 됐다. 수영선수를 은퇴한 지 한참 지났지만 지금도 수영은 내겐 숨 쉬는 것만큼이나 쉽다. 완전히 몸에 베어버려서 챔피언Champion이 된 것이다.

DAY 6

목표 | 028

시작하는 데에는 위대함이 필요 없지만
위대해지기 위해선 시작해야 한다.

You don't have to be great to start,
but you have to start to be great.

- 지그 지글러 Zig Ziglar
  미국의 동기부여 연설가이자 작가, 『See You at the Top』의 저자

✦

나는 일단 한 번 마음이 가면 바로 행동을 시작한다. 무언가 버벅거리거나 지지부진하게 움직이는 것을 싫어한다. ROKSEAL 브랜드를 론칭했을 때도 큰 고민이 없었다. 이미 시작할 때부터 이 사업은 반드시 크게 성공할 것이라는 강한 확신이 있었다. 겉으로 드러나지 않았더라도 이미 내 마음속에서 오랫동안 꿈틀거리고 있던 꿈이었으니까. 목표가 정해졌으면 '그냥 바로' 행동으로 옮겨라. 그 확신이 당신을 더 먼 곳으로 데려다 줄 것이다.

DAY 7

중요한 것이 무엇인지
명확하게 아는 힘은
중요하지 않은 것을
명확하게 구별하는 힘을 준다.

Clarity about what matters provides clarity about what does not.

- 칼 뉴포트 Cal Newport
'열정의 배신'을 주장한 미국의 컴퓨터 과학자이자 작가, 『Deep Work』의 저자

✦

지난 몇 년간 나는 온갖 루머와 의혹 그리고 악플에 의해 엄청난 공격을 받아왔다. 그런데 나는 내 삶에서 가장 중요한 것이 무엇인지 분명하게 알고 있었기 때문에 그들의 공격에 아무런 정신적 타격을 받지 않았다. 진짜 중요한 것이 무엇인지 알게 되면 결코 스트레스를 받을 일이 없다. 결국 무너지고 자폭하는 사람들은 인생에서 중요하게 여길 가치를 인식하지 못한 사람들인 것 같다. 나에 대해 어떻게 생각하는지, 나를 두고 뭐라고 평가하는지 평생 시달리면 자기 삶을 살 수가 없다. 남들 말에 지배를 당하면 정작 내 안에 어떤 중요한 게 있는지 안 보이게 된다. 잊지 마라, 가장 중요한 건 '나'다.

DAY 7

목표 | 030

밤에 꿈만 꾸는 사람은
헛되이 사라진다.
하지만 낮에 꿈꾸는 사람은
결국 위험한 존재가 된다.

Those who dream by night in the dusty recesses of their minds,
wake in the day to find that it was vanity.
But the dreamers of the day are dangerous men.

- T.E. 로렌스 T.E. Lawrence
  초인으로 숭상받는 영국의 군인, 『Seven Pillars Wisdom』의 저자

✦

나는 딱히 무언가로 남고 싶은 욕심은 없다. 죽으면 다 끝인데 그게 다 무슨 소용인가? 그저 내가 생각하는 올바른 일을 하고 내가 스스로 평가하기에 의미 있는 삶을 살았다고 자부할 수 있다면 그것으로 만족한다. 왜냐하면 나에 대해서 욕하고 비난하는 사람이 정말 많았기 때문에 누군가의 평가에 대해서 초연하기 때문이다. 진짜 위협적인 인간Dangerous men은 주변을 신경 쓰지 않는다. 꿈만 꾸다가 망상 속에서 남을 욕하고 헐뜯는 사람들이야말로 정작 가장 약한 존재들이다. 안 그래도 바쁜 삶, 그따위 망상에 에너지를 쏟을 가치가 없다. 그러니 닥치고 목표를 향해 성큼성큼 걸어가라.

RECORD　　　　　　　　　　　　　　　　　　　　WEEK 2

MORNING ROUTINE

DAY	1	2	3	4	5	6	7
기상 시각	:	:	:	:	:	:	:
새벽의 다짐 필사							
워밍업							
체중	kg	kg	kg	kg	kg	kg	kg
세면							
오늘 할 일 체크							

NIGHT ROUTINE

DAY	1	2	3	4	5	6	7
운동							
세면							
하루 회고							
내일 할 일 체크							
밤의 점검 필사							
취침 시각	:	:	:	:	:	:	:

WEEKLY REVIEW

DEBRIEF   OBJECTIVE

Q. 올해 당신이 가장 간절하게 이루고자 하는 목표는 무엇인가?

1

2

3

Q. 그러한 목표들을 달성하는 데 방해가 되는 장애물은 무엇인가?

1

2

3

Q. 올해 수립한 목표들을 달성하기 위해 지금 당장 실행해야 할 작은 목표 3가지는 무엇인가?

1

2

3

불가능은

없다

ROK Navy SEALs

3주

COURAGE

용기

**두려움을 극복하고
1초의 용기를 발휘해야 할 때**

너는 그냥 무서운 거지?
한계는 본인이 결정하는 거야.

입영 훈련?
아무것도 아니야.
보트 타다가 침몰하면
아무도 기술 모르는데
그냥 죽고 있을 거야?
그게 답이야?

제일 먼저 해야 할 일이 뭐야?
침착해야 해.
두려워하지 마.

Are you scared?
You decide what your limits are.

Treading in water?
That's nothing.
Your boat capsizes
and you fall into the water.
You want death to be your answer?

What's the first thing
you need to do?
Stay calm.
Don't be scared.

DAY 1

결심을 선택하는 일이 가장 어렵다.
나머지는 단지 끈기뿐이다.

The most difficult thing is the decision to act.
The rest is merely tenacity.

- 아멜리아 에어하트 Amelia Earhart
  대서양 단독 횡단 비행에 성공한 미국의 여성 비행사

미국으로 네이비씰 훈련을 받으러 간다고 했을 때 주변에서 반대가 정말 많았다. 만약 퇴교를 당하면 이후 군인으로서의 커리어에 엄청난 오점이 남는 것이었으니까. 하지만 리스크를 감수하고 도전하기로 했다. 그런데 그 딱 한 번의 결심으로 삶에서 얻은 게 무척 많다. 초급반BUD/S부터 장교과정JOTC, 전문화과정SQT 등 미 해군 네이비씰의 모든 과정을 수료한 외국인 장교는 내가 처음이었다. 그리고 지금까지도 전 세계에서 내가 유일하다. 만약 그때 탈락할 게 무서워서 포기했다면 나는 그냥 평범한 UDT 장교로 남았겠지.

DAY 1

용기 | 032

우리가 꿈꾸는 삶을 살지 못하는 이유는 단 하나, 바로 두려움 속에 살고 있기 때문이다.

Too many of us are not living our dreams because we are living our fears.

- 레스 브라운 Les Brown
미국의 동기부여 연설가이자 정치인, 『Live Your Dreams』의 저자

✦

군에 있을 때 주변을 보면 의외로 많은 사람이 전역을 두려워했다. 하지만 나는 반대였다. 모험을 좋아해서 오히려 아무것도 정해져 있지 않다는 사실 자체가 너무 흥분됐다. 전역 직전까지도 아무런 계획이 없어서 전역 후 6개월 동안 근심 없이 자유를 만끽했다. 그래도 자신이 있었다. 즐겁게 퇴직금을 모두 써버린 뒤 용병 작전팀장으로 선발되어 이라크의 전쟁터로 떠났다. 내가 만약 군에 남아 있었다면 그것도 의미 있는 삶이었겠지만 마음껏 날개를 펴지는 못했을 것이다. 당신에게도 당신만의 날개가 있다. 그런데 그 날개는 눈에 보이지 않는 두려움Fear에 꽁꽁 묶여 있을 것이다. 긴 생각 말고 그냥 그걸 펼쳐라.

DAY 2

의심은 오직 행동으로만 제거된다.
기다리면 절대 주먹을 뻗을 수 없다.

Doubt is only removed by action.
If you wait, the doubt will remain.

- 코너 맥그리거 Conor McGregor
아일랜드의 종합격투기 선수, UFC 최초 2체급 동시 챔피언이자 최초 3체급 KO 승리 기록자

'Doubt'라는 단어는 자신감의 반대말이다. '나는 못할 것 같은데', '이거는 도저히 안될 것 같은데'처럼 루저의 생각이 드는 것이 'Doubt'다. 어느 날 특수부대 지원자들이 내게 와서 이렇게 물어봤다. "제가 과연 잘할 수 있을까요?" 이런 지원자들을 볼 때마다 나는 그냥 포기하라고 조언했다. 이미 마인드셋 자체가 틀려먹었기 때문이다. 의심하는 인간은 도전하면 안 된다. 가만히 있으면 그 의심은 평생 사라지지 않는다. 의심을 없애려면 일단 움직여야 한다. 그 순간 의심에 짓눌려 있던 마음이 조금씩 자신감으로 전환된다. 만약 당신을 둘러싼 사람들과 세상이 두려워 자기 의심에 짓눌려 있다면, 일단 움직여라.

밤의 점검

DAY 2

용기 | 034

성공은 최종적인 것이 아니며
실패는 치명적이지 않다.
다만 중요한 것은
계속해서 나아가는 용기다.

Success is not final, failure is not fatal.
It is the courage to continue that counts.

- 윈스턴 처칠 Winston Churchill
영국의 제61·63대 총리, 제2차 세계대전 당시 영국 전시총리를 맡아 독일 항전을 이끈 지도자

✦

작전을 펼치면 당연히 성공도 하고 실패도 한다. 그런데 만약 실패했다고 할지라도 다른 날 그 작전을 다시 펼칠 수 있다면 우리 팀에겐 되게 좋은 기회가 될 수 있다. 한 번 더 시도할 수 있다면 그건 치명적인 실패가 아니다. 그런데 작전을 지속Continue하려면 생각보다 많은 용기가 필요하다. 실패는 문제가 아니다. 하지만 패퇴 후 쫄아서 더 이상 싸우지 못하고 도망치면 그건 문제가 있다. 계속할 수 있는 용기, 이것이 내가 전투에서든, 삶에서든 가장 중요하게 여기는 가치다.

DAY 3

시간을 들여 숙고하라.
하지만 행동할 시간이 되면
생각을 멈추고 들어가라.

Take time to deliberate.
But when the time for action arrives, stop thinking and go in.

- 앤드류 잭슨 Erwin Rommel
  미국의 제7대 대통령, 첫 서민 출신 대통령으로 이른바 잭슨 민주주의를 주창한 초기 미국의 지도자

✦

전투를 하든 사업을 하든 중요한 결정을 할 때 나만의 방식이 있다. '일단 생각보다는 행동으로 옮기자.' 그런데 사람들은 왜 이렇게 생각이 많을까? 자기한테 자신감이 없고 부정적인 생각이 가득하기 때문이다. 스스로 떳떳하고 내 능력에 대해 자신감이 넘치면 생각이 길어지지 않는다. 생각을 거치지 않고 바로 행동으로 튀어나온다. 내가 참여하는 모든 군사 작전은 시간 제한이 엄청나게 빡세다. 그 상황에서 생각만 하다 가만히 있으면 그냥 작전을 실패하는 거다. 그래서 나는 근심, 걱정만 많고 액션 없는 사람들을 볼 때 너무 답답하다. 그러니 결정적 순간이 오거든 의심 말고 시작하라.

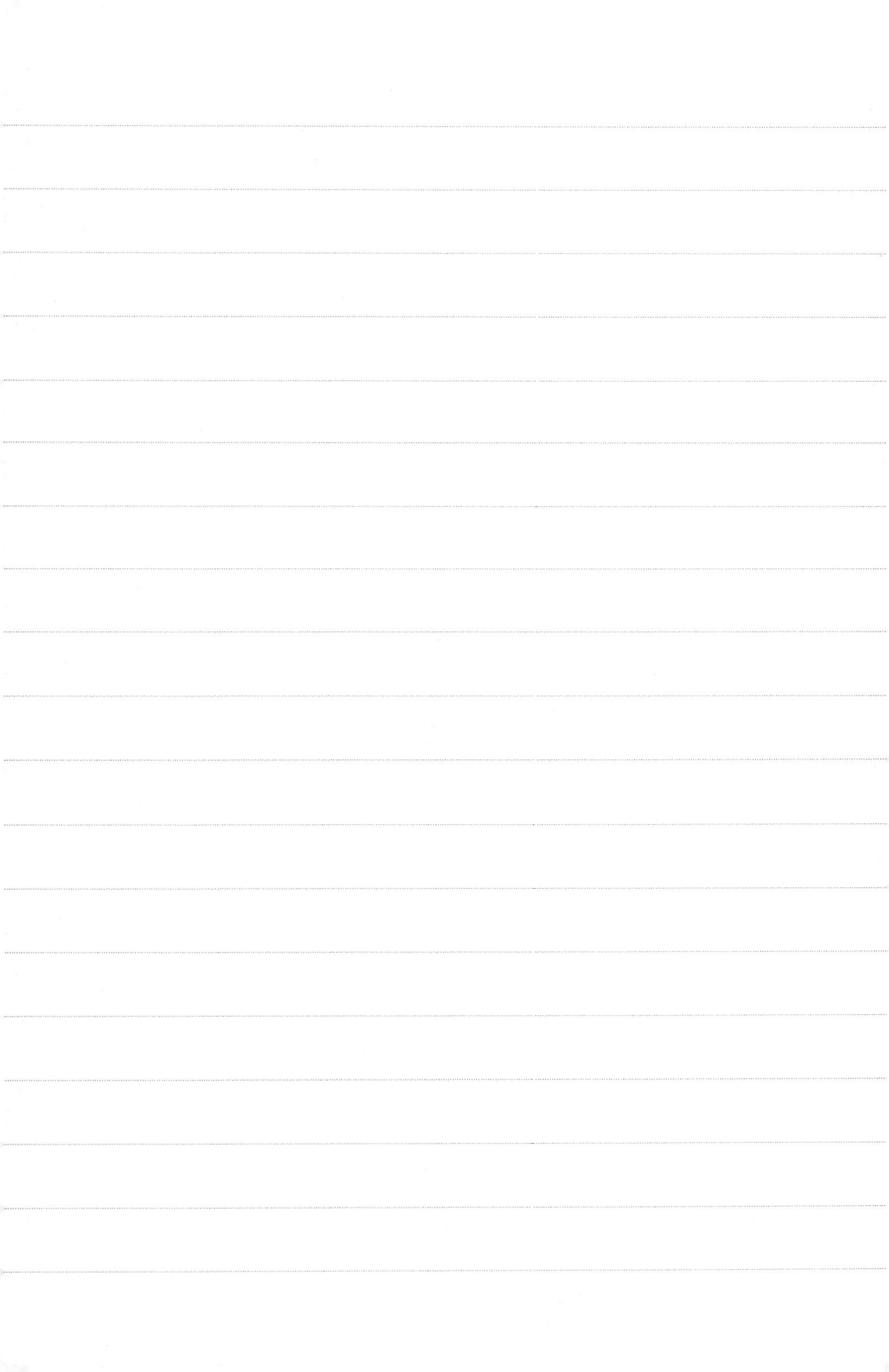

DAY 3

용기 | 036

마음의 평화는
문제를 무시하는 것이 아니라,
문제를 해결함으로써 얻어진다.

*Peace of mind is attained not by ignoring problems,
but by solving them.*

- 레이먼드 힐 Raymond Earl Hill
  미국의 전설적인 블루스 아티스트

✦

누구에게나 감정이 있다. 그리고 그 누구도 죽고 싶어 하는 사람은 없다. 나는 전쟁터에서 다양한 사람들을 봤다. 총알이 날아오면 팀원들을 버리고 혼자 도망치는 사람, 그리고 오히려 총알이 날아오는 벽을 향해 싸우는 사람. 총알이 빗발치는 전장에서는 누구나 죽을 수 있다. 그런데 그다음 우리는 선택할 수 있다. 도망칠 것인가, 전진할 것인가. 문제를 무시할 것인가, 해결할 것인가. 네이비씰 훈련을 받을 때도 다 똑같이 춥고 고통스러웠지만 종을 치고 퇴교하는 사람이 있었고, 끝까지 종을 치지 않고 훈련에 정면으로 맞서는 사람이 있었다. 용기는 본능이 아니라 선택이다. 문제 앞에서 당신은 어느 쪽인가?

DAY 4

용기는 인간의 첫 번째 덕목이다. 왜냐하면 그것이 다른 모든 덕목을 보장하는 덕목이기 때문이다.

Courage is the first of human qualities because it is the quality which guarantees the others.

- 아리스토텔레스 Aristoteles
고대 그리스의 철학자, 서양 철학과 과학의 기초를 세운 플라톤의 제자이자 알렉산더 대왕의 스승

✦

나는 처음 해군 장교로 입대했을 때부터 좀 자신이 넘쳤다. 외국 군사대학에서 4년 동안 교육을 받았고 어릴 때부터 수영선수 생활을 했기 때문에 전술이든, 체력이든 다 자신감이 가득했다. 그래서 두렵지 않았다. 실무에 배치된 후에도 내가 속한 UDT 특수부대에서 내가 제일 체력이 뛰어났다. 물론, 실무 경험이 부족했기 때문에 당연히 겸손한 태도를 유지했다. 하지만 거만하다고 들릴 수도 있는데, 그럼에도 나는 내가 최고라고 생각했다. 수십 년 군생활을 한 부사관들이나 선배 장교들보다 내가 더 스킬이 뛰어나다고 생각했고, 실제로 그렇게 되려고 치열하게 노력했다.

DAY 4

용기 | 038

혁명은 익을 때
저절로 떨어지는 사과가 아니다.
누군가 손을 들어 따야
비로소 떨어진다.

The revolution is not an apple that falls when it is ripe.
You have to make it fall.

- 체 게바라 Che Guevara
아르헨티나의 혁명가이자 의사, 쿠바 혁명의 세계적인 아이콘

✦

내 인생에서 가장 혁명적인 사건은 우크라이나 전쟁터에 참전했던 일인 것 같다. 자칫 감옥에도 갈 수 있었고, 또 전장에서 사살당할 수도 있었으니까. 하지만 목숨을 걸고 달려갔다. 한국에서 나 말고는 그 일을 할 수 있는 사람이 거의 없었다. 누군가는 해야 하는 일이었다. 그래서 나는 아직도 그 선택을 후회하지 않는다. 누구에게나 혁명 같은 일은 삶에서 벌어진다. 그 일이 터졌을 때 조용히 외면하거나, 입만 털든가, 과감히 액션하거나. 인생은 셋 중 하나다. 당신 삶의 혁명은 시작되었는가?

DAY 5

전쟁의 기술은 간단하다.
하나, 적의 위치를 파악한다.
둘, 가능한 한 빠르게 공격한다.

The art of war is simple enough.
Find out where your enemy is.
Get at him as soon as you can.

- 율리시스 S. 그랜트 Ulysses S. Grant
미국의 제18대 대통령, 남북전쟁 당시 북군 총사령관을 맡은 남북전쟁의 주역

✦

나는 특수부대원이기 때문에 일반적인 교전을 선호하지 않는다. 적에게 노출된 상태에서 교전이 벌어졌다는 것은 우리가 불리한 조건을 안은 채 전투해야 한다는 뜻이다. 우리 팀은 보통 새벽에 적진에 침투해 적이 숙소에서 자고 있을 때 타격한다. 특수부대에게 교전은 최후의 선택이다. 언제나 우리가 유리해야 한다. 그래서 시간이 중요하다. 내게는 압도적으로 유리하고, 적에게는 압도적으로 불리한 타이밍을 찾아 과감하고 빠르게 치명적인 타격을 가한다. 비가 오거나 눈이 오면 더 좋고. 이게 내 전투 스타일이다.

DAY 5

용기 | 040

유일하게 불가능한 여정은
아직 한 번도
발을 내딛지 않은 여행이다.

The only impossible journey is the one you never begin.

- 토니 로빈스 Tony Robbins
미국의 동기부여 연설가이자 작가, 『Awaken the Giant Within』의 저자

✦

내가 가장 좋아하는 말 중 하나다. 많은 사람이 다양한 꿈을 꾼다. 언젠가는 이걸 이룰 것이고, 또 언젠가는 저걸 이룰 것이고…. 그런데 꿈을 꾸고 목표를 이루겠다고 말하면서도 그걸 시작하지 않으면 가능성은 '제로'다. 시작을 안 했기 때문에 계속 불가능에 머물러 있는 거다. 당연하지 않나? 그런데 일단 시작하면 가능성이 생겨버린다. 그것도 순식간에. 그러므로 나는 목표를 세웠으면 일단 무조건 시작한다. 시작하는 순간 내 기준으로 50%를 달성한 것이니까.

DAY 6

용기란
두려움을 1분간
견디는 것이다.

Courage is fear holding on a minute longer.

- 조지 S. 패튼 George S. Patton Jr.
제2차 세계대전 당시 유럽 전선에서 미국 지상군을 지휘한 야전사령관

✦

전쟁이 터지면 사람은 두 가지 반응으로 나뉜다. 어떻게든 맞서서 이겨내겠다는 사람과 본능적으로 몸을 일으켜 도망치는 사람으로. 대다수 사람이 후자에 속할 거다. 생전 처음 겪는 일이고 또 멘붕이 올 테니까 그럴 수 있다. 그런데 그 찰나의 공포를 버티면 상황이 뒤집힌다. 머리가 차가워지고 계획이란 걸 짤 수 있게 된다. 본능적 공포에 맞서려면 훈련이 필요하다. 만약 누군가 내게 총을 들이민다면 나는 얼기는커녕 자동으로 리액션을 할 것이다.

DAY 6

성공한 사람들은 실패한 사람들이
시도조차 못 하는 짓을 감행한다.
상황이 쉬워지길 기대하지 말고
그냥 네 스스로 더 강해져라.

Successful people do what unsuccessful people are not willing to do.
Don't wish it were easier.
Wish you were better.

- 짐 론 Jim Rohn
미국의 기업가이자 동기부여 연설가, 『The Five Major Pieces to the Life Puzzle』의 저자

겁 많고 포기에 익숙한 사람들에게는 '당장 훈련부터 받으라'는 조언이 무의미하다. 사고방식 자체가 준비되어 있지 않으니까. 일단 마인드셋을 바꿔야 한다. 루저들은 항상 이렇게 생각한다. '나한테는 그런 일이 벌어지지 않으면 좋겠다', '내 인생은 좀 쉬우면 좋겠다', '세상이 내 편이면 좋겠다' 등등. Shut up. 일단 세상이 원래 불공평하고, 이 마인드셋 자체를 바꿔야 한다. '그냥 내가 최고가 되면 된다', '내가 더 뛰어나면 된다'로. 이렇게 생각하면 세상이 빡세든 만만하든 상관이 없다. 아무리 환경이 어려워도 내가 더 뛰어나면 문제없잖아? 일단 이렇게 생각을 전환하고 더 강해져라. 그게 시작이다.

DAY 7

용기 | 043

용기는 두려움이 없는 상태가 아니라, 두려움보다 더 소중한 무언가가 있다는 믿음이다.

Courage is not the absence of fear, but rather the judgement that something else is more important than fear.

- 앰브로스 레드문 Ambrose Redmoon
  미국의 전설적인 시나리오 작가

✦

우크라이나에서 전쟁이 터졌을 때 그 소식을 듣고 일주일 만에 현장으로 날아갔다. 내가 특수한 기술을 갖고 있고, 또 그걸 활용해서 사람을 살릴 수 있는데 그 기술을 사용하지 않는다는 건 결국 사람을 죽이는 것과 다르지 않다고 생각했다. 만약 의사가 사람을 치료하지 않으면 살인과 똑같지 않을까? 그래서 고민 없이 달려갔다. 물론 나도 총 맞으면 뒤진다. 게다가 나는 한국에 가족도 있고, 공인이고, 회사를 운영하고 있다. 잃을 게 엄청나게 많다. 하지만 그럼에도 택했다. 그 가치가 가장 소중하다고 믿었기 때문에. 진짜 용기는 잃을 게 없을 때 발휘되는 게 아니다. 잃을 게 많음에도 하는 것, 이게 진짜 용기다.

DAY 7

용기 | 044

밤의 점검

겁쟁이들은 시작조차 하지 않았고
약한 자들은 중간에 사라졌다.
그래서 우리만 남았지.

The cowards didn't even start and the weak disappeared halfway,
so we're the only ones left.

- 필 나이트 Phil Knight
지독한 운동화 마니아, 나이키의 공동 창업자

✦

처음 우크라이나 전쟁터에 갔을 때 엄청나게 다양한 다국적 의용군, 용병들이 모여 있었다. 그런데 막상 러시아의 본격적인 침공이 시작되고 교전이 벌어지자 대다수의 인원이 썰물처럼 사라졌다. 폼만 잡던 겁쟁이들이 모두 도망친 것이다. 이라크나 아프가니스탄의 상황과는 양상이 전혀 달랐다. 힘의 차이가 압도적이었다. 그래서 현지에서 팀을 짤 때 신중하게 뽑았다. 제대로 싸울 수 있는 사람들로. 네이비씰 훈련을 받았을 때도 마찬가지였다. 중간에 엄청나게 많은 인원이 정신력이 약해져서 퇴교를 했다. 전쟁이든 인생이든 결국 똑같다. 가장 겁 없는 놈들만 남는다.

RECORD

WEEK 3

MORNING ROUTINE

DAY	1	2	3	4	5	6	7
기상 시각	:	:	:	:	:	:	:
새벽의 다짐 필사							
워밍업							
체중	kg	kg	kg	kg	kg	kg	kg
세면							
오늘 할 일 체크							

NIGHT ROUTINE

DAY	1	2	3	4	5	6	7
운동							
세면							
하루 회고							
내일 할 일 체크							
밤의 점검 필사							
취침 시각	:	:	:	:	:	:	:

WEEKLY REVIEW

DEBRIEF   COURAGE

Q. 인생에서 가장 마주치기 두려운 상황 혹은 대상은 무엇인가?

1

2

3

Q. 당신은 그것들이 왜 두려운가? 두려움의 근원을 적어라.

1

2

3

Q. 그 두려운 상황 혹은 대상을 극복하기 위해 지금 당장 실천해야 할 액션 3가지는 무엇인가?

1

2

3

어제만큼

쉬운 날은

이제 없다

US Navy SEALs

4주

MENTALITY

멘탈

**실패에 어퍼컷을 날리고
독한 마음으로 재무장해야 할 때**

네가 진짜로
죽기 아니면 살기로
하겠다면 기회를 줄게.

근데 너,

기절해야 돼.
끝까지가 기절까지야.

You'll get one more opportunity
if you commit.

But,

that means
you'll either succeed
or die trying.

DAY 1

내가 성공한 이유는 단순하다.
나는 살면서 단 한 번도 변명하지도,
변명을 받아들이지도 않았다.

I attribute my success to this.
I never gave or took any excuse.

- 플로렌스 나이팅게일 Florence Nightingale
  영국의 간호사, 현대 간호학의 창시자

✦

무언가 일이 잘못되었을 때 변명을 하거나 핑계를 대면 그 사람의 신뢰성이 사라진다. 나는 사람의 능력보다도 신뢰성을 엄청나게 중요하게 여긴다. 한순간의 실수를 모면하려고 거짓말을 하고 변명을 늘어놓으면 일단 추해 보인다. 대체 왜 그러나? 책임을 회피하려고, 불이익을 당하지 않으려고 핑계를 대면 당장은 편해도 결국 자기 얼굴에 똥칠하는 거다. 나는 실수를 하면 바로 인정한다. 결코 변명Excuse하지 않는다. 빠르게 인정하고 사과를 하면 오히려 상대에게 더 좋은 인상을 줄 수도 있다. 무엇이든 바로 인정하면 더 신뢰가 간다.

DAY 1

멘탈 | 046

무릎을 꿇은 채 사느니 똑바로 서서 죽겠다.

It is better to die on your feet than to live on your knees.

- 에밀리아노 사파타 Emiliano Zapata
멕시코의 혁명가

◆

전쟁은 잔인하고 냉정하다. 이기면 모든 것을 얻지만 지면 모든 것을 잃는다. 레오니다스 1세가 이끄는 300명의 스파르타군이 30만 명이 넘는 페르시아군에 끝까지 맞선 이유도 전투에서 패배하면 자신의 가족들이 몰살을 당하거나 평생 노예처럼 살게 될 것을 알았기 때문이다. 우크라이나 군인들의 심정이 딱 그랬다. '전쟁에서 져서 평생 노예처럼 사느니 싸우다 죽겠다.' 그들의 그런 결연한 태도를 보며 나도 내 삶을 돌아봤다. 내가 왜 싸우는지, 왜 이렇게 치열하게 인생을 사는지.

DAY 2

마음속으로 상상하고 믿을 수 있다면
세상에서 이루지 못할 것은 없다.

Whatever the mind can conceive and believe,
it can achieve.

- 나폴레온 힐 Napoleon Hill
  미국의 동기부여 연설가이자 베스트셀러 작가, 자기계발서의 고전 『Think and Grow Rich』의 저자

✦

기적 같은 성취Achieve와 관련해 떠오르는 사람이 있다. 네이비씰이자 군의관, 그리고 우주비행사인 조니 킴이다. 엄청난 커리어지만, 그에게는 매우 힘든 과거가 있었다. 평생 가족들에게 폭력을 행사하던 아버지가 경찰과 총격전을 벌이다 사망했을 정도로 힘든 유년을 보냈다. 나도 네이비씰을 수료한 뒤 갑자기 아버지 문제로 한국으로 돌아가야 할 상황이 되면서 인생이 엄청 꼬여버렸다. 한국어도 못하는데 해군장교가 될 수 있겠느냐며 주변에서도 비판을 많이 했다. 하지만 나는 잘할 수 있을 것이라는 믿음이 있었고, 독하게 마음을 먹어 결국 동기들 중 가장 어린 나이로 해군사관후보생OCS 시험을 합격해 버렸다.

DAY 2

지금 네가 겪고 있는 고통은
네가 세상을 바라보는 한계를 깨는 소리다.

Your pain is the breaking of the shell that encloses your understanding.

- 칼릴 지브란 Kahlil Gibran
  레바논의 시인, 40여 개국에 번역된 책 『The Prophet』의 저자

UDT 훈련에는 '지옥주'라는 것이 있다. 이 기간 동안 교육생들은 24시간 6일 내내 쉬지 않고 고강도 훈련을 받고, 일주일 동안 잠도 못 자고 항상 젖어 있는 상태로 엄청나게 추운 지옥 같은 시간을 보내게 된다. 심지어 이렇게 가장 고통스러울 때 교관들은 교육생들에게 어서 종을 치고 퇴교하라며 유혹까지 한다. 결국 대다수의 교육생들은 지옥주 때 자진 퇴교한다. 하지만 이 지옥주를 통과하고 나면 자기에 대해서 더 알게 된다. '정신력이 강하면 이 세상에서 못 하는 게 없다.' 지옥주를 통과하자 세상이 쉬워 보였다. 그때 고통^{Pain}을 회피했다면 나는 이렇게까지 성장하지 못했을 것이다.

DAY 3

멘탈 | 049

인생은 딱 두 가지로 이루어진다.
10%는 일어나는 일,
90%는 당신의 반응이다.

Life is 10% what happens to me and 90% of how I react to it.

- 찰스 스윈돌 Charles Swindoll
  미국 기독교의 복음주의 목사이자 동기부여 연설가

✦

어떤 사건이 벌어지면 우리는 선택Choice할 수 있다. 내 삶에도 큰 사건들이 있었다. '가짜사나이'에 출연한 뒤 나에 대한 수많은 근거 없는 공격과 비방이 쏟아졌다. 이때 내 앞에는 여러 선택지가 있었지만, 나는 외면하거나 자폭하지 않고 그들에게 정면으로 대응하는 것을 선택했다. 내가 그때 강한 모습을 보여줬기 때문에 지금의 이근이 만들어졌다. 누구에게나 불행한 사건은 벌어진다. 결코 피할 수 없다. 이건 내가 통제할 수 있는 영역이 아니다. 하지만 어떻게 반응할지는 오로지 나의 선택이다. 이 선택들이 모여 결국 나의 삶이 완성된다.

DAY 3

멘탈 | 050

죽음은 아무것도 아니다.
그러나 패배하고
불명예스럽게 사는 것은
매일 죽는 것과 같다.

Death is nothing, but to live defeated and inglorious is to die daily.

- 나폴레옹 보나파르트 Napoleon Bonaparte
프랑스의 군사 지도자, 역사상 유럽 전역을 정복한 몇 없는 인물 중 한 명

✦

'죽음Death에 대해 생각해 본 적이 있느냐?'는 질문을 종종 받는다. 나는 내가 어떻게 죽을지 생각해 본 적이 단 한 번도 없다. 사는 것도 바빠 죽겠는데 왜 죽음을 생각하겠는가? 아무리 열심히 훈련을 해도, 건강 관리를 철저히 해도 재수 없으면 죽는다. 나는 전쟁에도 숱하게 참여했고 엄청나게 위험한 익스트림 스포츠도 오랫동안 즐기고 있다. 당연히 죽을 수 있다. 그래서 더 꼼꼼하게 작전 계획을 짜고, 수시로 장비의 안전을 체크한다. 그래서 죽음은 무섭지 않다. 내가 대비할 수 있으니까. 가만히 앉아 안전한 죽음을 기다리는 것보다, 내 삶을 즐기며 위험한 죽음을 대비하는 게 내겐 더 안전한 삶이다.

DAY 4

당신이 긍정적인 에너지가 아니라면
당신은 부정적인 에너지다.

*If you're not positive energy,
you're negative energy.*

- 마크 큐반 Mark Cuban
  미국의 기업가이자 투자자, NBA 댈러스 매버릭스 구단주

에너지는 '포지티브 에너지Positive energy'와 '네거티브 에너지Negative energy' 두 가지가 있는데, 난 살면서 단 한 번도 네거티브 에너지를 가져본 적이 없다. 네거티브 에너지를 몰아내는 법은 간단하다. 넓은 시야로 문제를 바라보면 된다. 시야가 좁아지면 인간은 늘 부정적으로 변한다. 뭔가 부족한 것 같고 자신감이 없어진다. 하지만 문제 너머로 포커스를 넓히면 바깥이 보인다. 그럼 그 문제가 별거 아니라는 걸 깨닫는다. 그래서 나는 부정적인 생각이 1%도 없다. 내 삶에는 좋은 일이 가득하므로. 당신은 어느 쪽에 더 가까운가?

DAY 4

지금까지 거둔 성공 말고
넘어지고 다시 일어선 횟수로
스스로를 평가하라.

Do not judge me by my successes,
judge me by how many times I fell down and got back up again.

- 넬슨 만델라 Nelson Mandela
남아프리카 공화국의 대통령이자 인권 운동가, 인종차별 정책 '아파르트헤이트' 철폐의 주역

✦

2020년에 촬영한 유튜브 영상이 업로드되자 정말 대박이 났다. 외국인들에게까지 알고리즘이 타 하루아침에 인플루언서가 됐으니까. 그런데 유명세를 얻으니 나를 욕하고 음해하는 세력도 늘어났다. 하지만 몇 년이 지난 지금 나는 이렇게 살아 있다. 나를 공격하던 놈들은 다 몰락했고. 그래서 한편으론 그놈들에게 고맙다. 사람들이 나를 좋게 평가하는 이유는 나의 군사 경험이나 신체적 능력 같은 성취들보다도, 이런 안티 세력들에게 무차별적인 공격을 당했음에도 끝까지 살아남은 정신력 때문이지 않나 싶다. 만약 그런 논란이 없었다면 '멘탈 코치'라는 타이틀도 얻지 못했을 거다. 적들아, 고맙다.

DAY 5

불행은 선택할 수 없지만 그 불행에 좌절하지 않는 것은 얼마든지 선택할 수 있다.

You may not control all the events that happen to you, but you can decide not to be reduced by them.

- 마야 안젤루 Maya Angelou
미국의 시인이자 시민권 운동가, 『I Know Why the Caged Bird Sings』의 저자

나는 아주 어린 시절부터 미국에서 자랐다. 당연히 인종 차별과 따돌림이 일상이었다. 당시 이소룡 영화가 히트하면서 동양인에 대한 호기심이 절정에 달한 때였다. 그러니 학교에서 나는 늘 관심과 주목의 대상이었다. 지금처럼 동양인 유학생이 많을 때도 아니었다. 그런데 전혀 주눅이 들지 않았다. 쫄기는커녕 나를 괴롭히려던 녀석들이 오히려 나를 피해 도망쳤다. 어떤 시련이나 불행이 닥치면 나는 늘 큰 그림Big picture을 그려본다. '얘네가 왜 나를 괴롭히지? 오히려 이건 나한테 관심이 있다는 뜻이다. 그럼 대응해 주지.' 늘 이런 식이었다. 그래서 나는 적들에게 고맙다. 나를 더 강하게 키워줘서.

DAY 5

멘탈 | 054

신께서는 내게 희망이 없다고 여겨질 때도 내가 옳다고 믿는 것을 포기하지 않을 용기를 주셨다.

God grant me the courage not to give up what I think is right even though I think it is hopeless.

— 체스터 W. 니미츠 Chester W. Nimitz
미국의 해군 제독, 제2차 세계대전 당시 태평양 함대 사령관

✦

이 세상에는 질 줄 알면서도 끝까지 포기하지 않고 싸우는 사람들이 있다. 우크라이나 도착 후 전황이 급격히 불리해졌다. 러시아군이 우크라이나의 수도권 지역을 포위하기 시작한 것이다. 이 포위망이 완성되면 최악의 경우 포로로 잡히거나 전사할 수도 있었다. 수많은 의용군이 대피를 했고, 나와 함께 있던 한국 전우들도 그 대열에 합류했다. 하지만 나는 끝까지 남아 싸우기로 했다. 한 달을 버티자 결국 러시아군은 철수했고, 그후 나는 남쪽의 다른 전선으로 이동했다. 그때 어떻게 그런 용기가 샘솟았을까? 정확한 말로 설명하긴 어렵지만 '내가 하는 이 일이 옳다'는 강한 믿음이 나를 이끌어줬다고 생각한다.

DAY 6

나쁜 카드를 가지고
태어날 수는 있지만
우리에겐 운명을 개척할 수 있는
선택권과 힘이 있다.

You can be born with bad cards,
but you have a choice and the power to craft your own destiny.

- 조니 킴 Jonny Kim
  미국의 해군 네이비씰 장교, 의사, NASA 우주비행사

✦

미국 초등학교 시절 나는 동창들뿐만 아니라 선생님에게까지 왕따를 당했다. 외부 견학을 갈 때마다 선생님은 내가 말썽을 피운다는 이유로 부모님이 동석하지 않으면 스쿨버스에 타지 못하게 했다. 교실에서는 일부러 백인 아이들과 멀리 떨어진 자리에만 앉혔다. 그렇게 온갖 인종 차별을 당하며 5학년까지 학교를 다녔다. 그러다 나는 시험을 쳐서 통과해야만 들어갈 수 있는 어느 중학교 시험에 합격해서 다른 백인 동창들보다 1년을 앞서서 그 중학교에 입학했다. 누구나 안 좋은 조건 Bad cards으로 출발할 수는 있다. 하지만 우리에겐 운명을 개척할 수 있는 힘Power이 있다. 나는 그 힘을 발휘했고 결국 스스로 운명을 개척했다.

DAY 6

멘탈 | 056

성공이란,
밑바닥으로 떨어졌을 때
얼마나 높이 튀어 오르는지에 달려 있다.

Success is how high you bounce when you hit bottom.

- 조지 S. 패튼 George S. Patton Jr.
제2차 세계대전 당시 유럽 전선에서 미군을 지휘한 야전사령관

✦

수많은 사이버렉카들에 의해 온갖 루머에 휩싸였을 때 내 삶은 순식간에 나락Bottom으로 떨어졌다. 광고가 다 잘렸고 출연하던 프로그램에서 통편집을 당했다. 그 어떤 섭외도 들어오지 않았고 나를 찾던 사람들도 전부 사라졌다. 하지만 나는 신경 쓰지 않고 내 갈 길을 갔다. 그 결과 전술 교육부터 밀리터리 게임 및 영화 자문은 물론이고, 아예 나만의 군사 컨설팅 브랜드를 론칭해 세상에 없던 호신용품을 개발하고 대한민국에서 가장 독보적인 유튜브 채널까지 만들었다. 지금의 내 삶은 나락으로 떨어지기 전보다 오히려 훨씬 더 풍부해졌고, 내 전문성과 더 맞고 내가 더 잘할 수 있는 일들로 가득 채워졌다.

DAY 7

멘탈 | 057

감당하기 힘든 어려움은
평범한 사람을 비범한 운명으로
이끄는 준비 과정이다.

Hardships often prepare an ordinary person for an extraordinary destiny.

- C. S. 루이스 C. S. Lewis
영국의 작가이자 학자, 1억 부 이상 판매된 판타지 동화 『The Chronicles of Narnia』 시리즈의 저자

✦

내 삶은 좀 특이하다고 생각한다. 내가 살아온 환경, 보고 듣고 겪은 사건들 모두 평범하지 않았다. 하지만 엄밀히 말해서 이 세상에 완벽한 '평범함Ordinary'이라는 게 존재할까? 누구나 다 자기만의 삶을 산다. 태어난 곳, 가족, 학교, 삶의 터전… 이 모든 것은 오직 당사자에게만 '유일'하다. 산다는 게 겉으론 비슷하게 보여도 자세히 들여다 보면 전부 다르다. 다만 그것을 평범하게 받아들일 것인지, 특별하게 받아들일 것인지로 나뉠 뿐이다. 나는 내 삶에 닥친 고난과 역경을 회피하지 않았다. 그저 내 삶이 더 특별해지는 당연한 과정이라고 여겼을 뿐이다.

DAY 7

최고가 되고 싶다면,
다른 사람들이
기꺼이 하지 않는 일을 해야 한다.

If you want to be the best,
you have to do things that other people aren't willing to do.

- 마이클 펠프스 Michael Phelps
  미국의 수영선수, 올림픽에서 가장 많은 금메달을 획득한 선수

15년 동안 수영선수로 생활했다. 단순히 훈련만 받은 게 아니라 그 기간 동안 내 삶 전체를 쏟아부었다. 하루도 빼놓지 않고 새벽에 일어나 수영장에 가서 훈련하고, 수업이 끝나면 다시 가서 또 훈련을 했다. 주말에는 수영 대회에 나갔고 이 짓을 15년 동안 매일 반복Repeat했다. 이유는? 오직 네이비씰 장교가 되고 싶다는 목표뿐이었다. 그래서 꾸역꾸역 '남들이 하기 싫은 일'을 해냈다. 당신에게도 목표라는 게 있을 것 아닌가? 당신은 그것을 위해 하루 중에 '남들이 하기 싫은 일'을 하는 시간이 얼마나 되나?

RECORD

WEEK 4

MORNING ROUTINE

DAY	1	2	3	4	5	6	7
기상 시각	:	:	:	:	:	:	:
새벽의 다짐 필사							
워밍업							
체중	kg	kg	kg	kg	kg	kg	kg
세면							
오늘 할 일 체크							

NIGHT ROUTINE

DAY	1	2	3	4	5	6	7
운동							
세면							
하루 회고							
내일 할 일 체크							
밤의 점검 필사							
취침 시각	:	:	:	:	:	:	:

WEEKLY REVIEW

DEBRIEF MENTALITY

Q. 당신은 주로 어떤 상황에서 멘탈이 무너지고 자신감을 잃는가?

1

2

3

Q. 당신이 닮고 싶은, 가장 강한 멘탈로 세상에 맞서는 주변 사람 혹은 유명인은 누구인가?

1

2

3

Q. 멘탈 재무장을 위해 지금까지 한 번도 시도해 본 적 없는 것을 시도한다면 무엇을 할 것인가?

1

2

3

2등은

첫 번째 루저다

데일 언하트

5주

RELATIONSHIP

관계

나를 혐오하는 모든 적들에게
응전해야 할 때

저를 없애면 당신의
패배자 인생이
달라질 것 같나요?

인정 못 받던 삶이
갑자기 인정을
받게 될 것 같나요?

당신에게 없던 능력이
생길 것 같나요?

Say you got rid of me,
you think your life as a loser
will change?

Would people suddenly
care about you?

Would you suddenly
become a competent person?

DAY 1

만약 지금까지 살면서 적이 없었다면, 네 인생은 무언가 잘못되었다는 뜻이다.

If you don't have haters,
you're doing something wrong.

- 몰리 케림 Molly Qerim
  미국의 스포츠 방송 진행자, ESPN에서 활동하는 언론인

미국에서 귀국한 뒤 대한민국 해군 장교로 임관하고 나서 참 많은 미움을 받았다. 미국에서 왔다고 싫어하고, 영어 잘한다고 싫어하고, 체력이 좋다고 싫어하고. 정말 욕을 많이 먹었다. 그런데 이상하게도 나는 오히려 더 신이 났다. 사람들이 나를 욕할수록 내가 진짜로 잘하고 있다는 확신이 강해졌다. 그래서 더 열심히 일했다. 내가 단기간에 다양한 성취를 이뤄낸 비결이 있다면 그만큼 집중적으로 수많은 공격을 받았던 덕분일 것이다. 지금도 나를 싫어했던 그들에게 감사하다.

DAY 1

관계 | 060

작은 개들이 짖을 때마다
사자가 돌아선다면,
사자는 정글의 웃음거리가 될 것이다.

*If a lion turned every time small dogs barked at it,
it would be the laughing stock of the jungle.*

- 마트쇼나 드리와요 Matshona Dhliwayo
아프리카 짐바브웨 출신의 철학자이자 캐나다 기업가, 『The Little Book of Great Thoughts』의 저자

✦

인생에서 헤이터Haters를 만난다는 건 엄청 큰 행운이다. '가짜사나이'에 출연하며 수많은 스포트라이트를 받았을 때 정말 셀 수 없이 많은 사람들이 나를 공격했다. 그때 나는 어떤 상황인지 바로 보였다. '자기 인생이 한심해서 이러는 거구나. 자기들이 욕하는 사람이 되고 싶은 거구나.' 이렇게 생각하고 나니 그들이 불쌍해졌다. 남을 까는 것밖에는 할 수 없는 사람들이 동경의 표현으로 하는 행위가 바로 혐오다. 그러니 만약 누군가 당신을 맹렬히 공격한다면 그건 당신을 그만큼 닮고 싶어 한다는 뜻이다. 그러니 그냥 씩 웃어주고 가던 길을 가라.

DAY 2

만약 당신이 주변에서 제일 잘난 사람이라면, 당장 그곳에서 벗어나 도망쳐야 한다.

If you are the best person around you,
you need to get away from that area and go somewhere else.

- 오스틴 클레온 Austin Kleon
  영국의 작가이자 일러스트레이터, 『Show Your Work!』의 저자

✦

전역을 하겠다고 마음먹게 된 이유 중 하나는 더 큰 세상에 나가고 싶다는 비전이었다. 네이비씰 교육을 마친 뒤 한국에 들어왔을 때 업데이트된 전술과 교육 체계를 열심히 전파했다. 하지만 몇 명의 꼰대들은 변화를 거부하고 나를 질투했다. 그래서 그냥 무시하고 내 할 일을 했다. 지금은 내가 제안했던 방식들이 UDT의 표준이 되었다. 대한민국 군대는 훌륭한 조직이지만 어느 조직에나 변화를 두려워하는 사람들이 존재한다. 그들의 동의를 다 구할 필요는 없다. 그냥 내 갈 길을 걸어가면 된다. 그러니 질투하는 사람들이 당신을 미워한다고 해도 눈치 보지 마라. 어차피 당신이 옳을 테니까.

DAY 2

인생을 살면서
당신보다 더 뛰어난 증오자는
앞으로 만날 수 없을 것이다.

You will never in life meet a hater doing better than you.

- 데이비드 고긴스 David Goggins
울트라마라톤 선수이자 17시간 턱걸이 4030회 기네스 기록 소유자, 『Can't Hurt Me』의 저자

✦

지금까지 내가 만난 헤이터들 중에서 나보다 강한 녀석은 한 명도 없었다. 미국에서 유년 시절을 보냈기 때문에 자연스레 외국 아이들과 다툴 일이 많았다. 그때마다 우리 어머니는 내게 이렇게 가르쳤다. "만약 네가 밖에 나가서 얻어터지고 오면 나한테 맞을 줄 알아라." 그래서 나는 같은 학교 애들이 나를 괴롭히려고 할 때마다 사정 봐주지 않고 카운터펀치를 날렸다. 우습게도 그렇게 기세등등했던 녀석들이 나만 나타나면 도망치기 바빴다. 독기를 품고 달려들면, 세상은 당신이 생각하는 것보다 훨씬 더 호락호락하다. 그러니 기죽지 말고 맞서라.

DAY 3

관계 | 063

변명하느라 시간을 낭비하지 마라.
어차피 사람들은 듣고 싶은 것만 듣는다.

Don't waste your time with explanations.
People only hear what they want to hear.

- 파울로 코엘료 Paulo Coelho
  브라질의 소설가, 『The Alchemist』 등 수많은 베스트셀러의 저자

어떤 사람을 만날 때 굳이 집중해서 평가하거나 살피지 않는다. 듣고 싶은 것만 듣는다. 나를 어필하려고 애쓰지도 않고 상대와 친해지려고 억지로 맞춰주지도 않는다. 안 그래도 바쁜데 그렇게 사람들의 비위를 맞출 여유가 내겐 없다. 누군가 나를 흉보거나 싫어한다면 굳이 나를 변호하는 데 에너지를 쏟지 않는다. 살면서 만나게 될 사람은 수없이 많다. 그중 나와 생각이 맞고 느낌이 맞는 사람들과만 교류하기에도 시간이 부족하다. 어차피 내가 걷는 길이 옳다면 언젠가 그 길 위에서 만나야 할 사람은 만나게 되어 있다.

DAY 3

관계 | 064

인간의 진정한 가치는
자신에게 아무런 도움이 되지 않을 사람을
어떻게 대하는지에서 드러난다.

The true measure of a man is how he treats someone who can do him absolutely no good.

- 새뮤얼 존슨 Samuel Johnson
  영국의 사전 편찬자이자 작가, 최초의 근대적 영어사전 『Dictionary of the English Language』의 기초를 세운 인물

✦

"강한 사람에겐 강하게 대하고 약한 사람에겐 약하게 대한다." 어렸을 때부터 부모님으로부터 들었던 말이다. 어머니는 내가 학교에 갈 때 늘 돈을 쥐여주면서 이렇게 말씀하셨다. "이기적인 사람이 제일 나쁜 사람이다. 돈은 얼마든지 줄 테니까 사탕이든 밥이든 혼자 먹지 말고 늘 친구들하고 나눠 먹어라." 아마 이런 가르침이 지금의 내 삶의 태도를 만든 것 같다. 우크라이나에 가겠다고 결심한 것도 이 때문이었다. 내게 이득이 있든 없든 일단 약자를 보면 돕는 것이 삶의 올바른 방식이라고 생각한다.

DAY 4

너를 가장 싫어하는 사람이 가끔은 너의 가장 큰 동기부여자가 된다.

Sometimes your haters are your biggest motivators.

- 브룩스 켑카 Brooks Koepka
47주 연속 세계 남성 골퍼 1위, PGA 통산 16승 등의 기록 세운 미국의 프로 골퍼

✦

내 인생의 최고의 동기부여자Motivator는 바로 나를 싫어하던 사람들이었다. 같은 UDT 부대원이었음에도 몇몇 군인들은 나를 대놓고 싫어했다. 장교들은 보통 행정 업무가 많아 체력을 관리하기가 어려운 위치에 있다. 그럼에도 내가 모든 부사관보다도 체력이 월등히 좋으니 나를 시기하는 부사관들이 많았다. 하지만 그럴수록 나는 '내가 잘하고 있어서 그렇다'라고 스스로에게 격려하면서 보란듯이 더 내 밀리터리 라이프를 즐겼다. 결국 나를 미워하던 사람들은 모두 사라졌다. 헤이터들은 결코 당신을 죽이지 못한다. 그러니 그들을 연료로 삼아 질주하면 된다.

DAY 4

관계 | 066

언제나 악이 승리하는 이유는
선이 늘 뒷짐 지고 서 있기 때문이다.

The only thing necessary for the triumph of evil is for good men to do nothing.

- 에드먼드 버크 Edmund Burke
영국의 정치 철학자, 영국 보수주의와 자유주의의 거목이자 『A Vindication of Natural Society』의 저자

✦

세상엔 악Evil이 가득하다. 세계 곳곳에서 인종차별이 버젓이 자행되고, 어떤 군인들은 아무 이유 없이 민간인을 죽인다. 당장 우리 주변의 세상은 평화롭고 선해 보이지만 조금만 시야를 넓히면 폭력적인 장면이 가득하다. 이런 상황에서 나처럼 특수 훈련을 받은 군사 전문가가 가만히 있는 게 정상일까? 우리 같은 사람이 나서지 않으면 악한 자들은 점점 더 기세를 떨칠 것이고 세상은 더 불행해질 것이다. 전쟁터뿐만이 아니다. 민간인들이 사는 세상도 악마들이 득실거린다. 그러니 당신이 조금이라도 힘이 있다면, 정의감이 있다면 주변을 둘러보고 손을 내밀어라.

DAY 5

사람을 대할 때는 불을 대하듯 하라.
다가갈 때는 타지 않을 정도로,
멀어질 때는 얼지 않을 만큼만.

Treat people as you would treat fire.
Approach close enough to stay warm,
but not so close as to get burned.

- 디오게네스 Diogenes
  알렉산더 대왕에게 "햇볕을 가리지 말라"고 대꾸한 고대 그리스의 철학자

✦

살면서 정말 많은 인원을 만났다. 군인, 방송인, 정치인, 체육인 등등. 나는 기본적으로 사교적인 사람이라서 누군가를 만나는 것에 에너지를 뺏기진 않는다. 그래서 새로운 사람을 만나는 일은 늘 즐겁다. 하지만 그렇다고 해서 내가 먼저 접근하진 않는다. 늘 사람들이 내게 먼저 접근했고 특별히 문제만 없다면 기꺼이 그들을 반갑게 대했다. '괜찮다'는 생각이 들면 쿨하게 놔두는 편이다. 사람을 일부러 피할 필요는 없지만 그렇다고 해서 먼저 접근할 필요도 없다. 결이 비슷한 사람이라면 언젠가는 동료가 될 것이다.

DAY 5

사람들이 당신을 미워하는 이유는
세 가지 중 하나다.
첫째, 자신들의 삶이 마음에 안 들어서.
둘째, 당신처럼 되고 싶어서.
셋째, 당신을 무서워해서.

People hate you for 1 of 3 reasons.
They hate themselves. They want to be you. They see you as a threat.

- 토니 개스킨스 Tony Gaskins
미국의 동기부여 연설가이자 작가, 『If You Don't Build Your Dream』의 저자

✦

해군 OCS 훈련을 받을 때 너무 지루했다. 민간인들을 군인화하는 과정이다 보니까 이미 군사 훈련을 오랫동안 받아온 내겐 훈련이 너무 쉬울 수밖에 없었다. 훈련 초창기에 훈육관이 사관후보생들에게 팔굽혀펴기 20회를 시켰는데 솔직히 그 숫자가 내겐 너무 한심했다. 그래서 전 인원 중 나 혼자 한 팔로 팔굽혀펴기를 했다. 그때 훈육관들이 나한테 엄청나게 욕을 했다. 아무튼 나는 이 정도로 남들 시선 따위를 신경 쓰지 않고 살았다. 내 경험상 너무 눈치를 안 봐서 겪는 손해보다, 눈치 보느라 몸을 사려서 겪는 손해가 훨씬 더 큰 것 같다. 판단은 당신 몫이다.

DAY 6

실패한 사람 중 대다수는
자신이 성공에 얼마나 가까웠는지
영영 깨닫지 못한 채 포기한다.

Many of life's failures are people who did not realize how close they were to success when they gave up.

- 토머스 에디슨 Thomas Edison
  미국의 발명가이자 기업인, 제네럴 일렉트릭을 건립하고 1093개의 특허를 등록한 사업가

✦

내 삶에 가장 큰 영향을 미친 사람은 누구일까? 나는 어머니라고 생각한다. 내가 UDT가 될 수 있었던 가장 결정적인 이유 중 하나가 바로 수영 실력이다. 그런데 이런 수영 실력을 기를 수 있도록 전폭적인 지원을 해준 사람이 바로 우리 어머니였다. 새벽부터 저녁까지 수영장, 학교, 학원에 갈 때 언제나 어머니가 차를 직접 운전해 나를 데려다줬다. 매일 수영을 하는 것은 고된 일정이라 어린 마음에 쉬고 싶은 날도 있었지만, 어머니의 교육관은 확고했다. 그렇게 결국 나는 물개Seal가 되었다.

DAY 6

관계 | 070

세상에서 가장 위대한 일은,
자기 자신에게 속하는 법을 아는 것이다.

The greatest thing in the world is to know how to belong to oneself.

— 미셸 드 몽테뉴 Michel de Montaigne
프랑스의 철학자이자 법관, 에세이라는 장르를 탄생시킨 책 『Essais』의 저자

✦

나는 혼자 일하는 것을 좋아한다. 물론 작전에 참여하거나 팀 활동을 할 때는 리더 역할에 최선을 다하고 즐겁게 임무를 수행한다. 하지만 나머지 시간에는 혼자만의 시간을 확보하기 위해 노력한다. 부대 활동을 하며 함께 시간을 보내는 것도 좋지만 개인 시간을 가지며 휴식을 취하고 자기개발을 하고 미래를 계획하는 일도 매우 중요하다. 이런 내 모습을 보고 어떤 사람은 외롭지 않냐고 걱정하는데, 나는 살면서 '외로움'이라는 감정을 느껴본 적이 없다. 외로움을 자주 느끼는 사람들은 대부분 약한 사람들이다.

DAY 7

관계 | 071

사람들은 네가 한 말과 행동을 잊을 것이다.
하지만 그들은 너 때문에 느낀
감정만큼은 영원히 잊지 않을 것이다.

I've learned that people will forget what you said, people will forget what you did, but people will never forget how you made them feel.

- 마야 안젤루 Maya Angelou
미국의 시인이자 시민권 운동가, 『I Know Why the Caged Bird Sings』의 저자

✦

UDT 교육대장으로 임무를 수행했을 때 정말 많은 교육생들을 입으로 조져버렸다. 자질이 없는 사람을 선별하고 탈락시키는 게 내 역할이었으니까. 훈련도 제대로 받지 못하는 인원들이 어떻게 실무에 나가 팀을 이끌고 작전을 수행하겠는가? 부하들보다도 뒤떨어질 것 같다면 퇴교시키는 게 맞다고 생각했다. 그래서 더 가혹하게 말했다. "넌 잘하는 게 없어. 넌 살 가치가 없어. 그냥 좆밥처럼 종 치고 인생을 포기해." 이런 말 한마디에 무너져 내린다면 오히려 잘된 거다. 그런 교육생은 어차피 실무에 나가도 자기 역할을 수행할 수 없을 테니까.

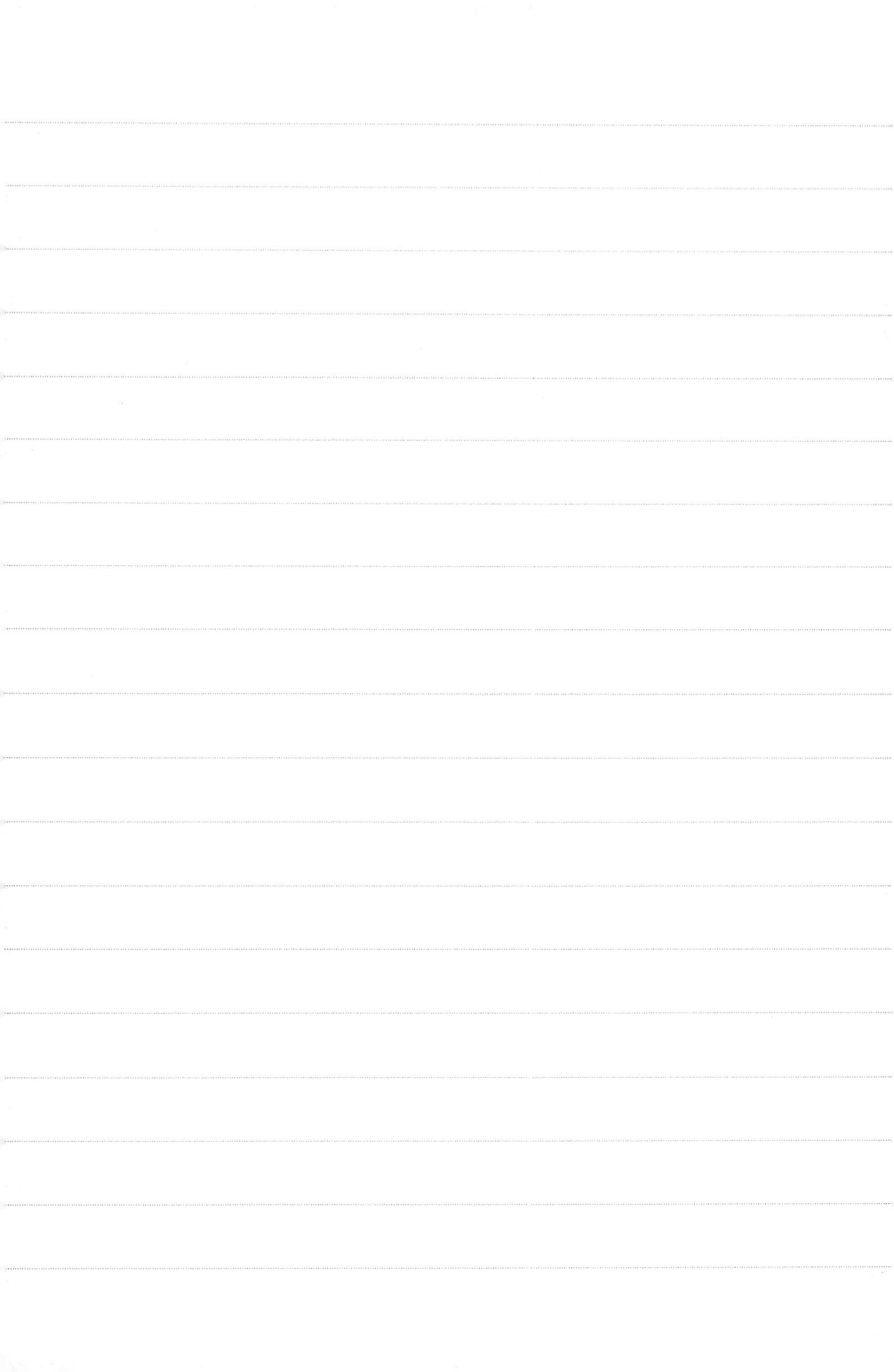

DAY 7

관계 | 072

세상이 널 버렸다고 생각하지 마라.
세상은 널 가진 적이 없다.

You don't need to think that you were abandoned by the world.
The world never took you before.

- 에르빈 롬멜 Erwin Rommel
제2차 세계대전 당시 북아프리카 전선에서 '사막의 여우'로 불린 독일의 군인

✦

내가 늘 가슴에 품고 사는 진리 하나가 있다. "세상은 늘 불공평Unfair 하다." 예외가 없다. 그럼에도 나는 세상이 내 삶을 '억까'했다고 생각하지 않는다. 단 한 번도 그렇게 생각한 적이 없다. 왜냐고? 다 핑계니까. 세상이 불공평해서 내가 손해를 본 부분이 있다면 그 반대편에는 반드시 내가 이득을 본 부분이 있다. 그래서 나는 인간관계에 연연하지 않고 내가 갖고 있는 것들에 대해 늘 감사하며 살아간다. 세상이 날 버리든 말든 내가 가진 것들이 있기에 두렵지가 않다. 그래서 내게는 세상의 난이도가 중요하지 않다. 그저 내가 더 강해지면 되니까.

RECORD

WEEK 5

MORNING ROUTINE

DAY	1	2	3	4	5	6	7
기상 시각	:	:	:	:	:	:	:
새벽의 다짐 필사							
워밍업							
체중	kg	kg	kg	kg	kg	kg	kg
세면							
오늘 할 일 체크							

NIGHT ROUTINE

DAY	1	2	3	4	5	6	7
운동							
세면							
하루 회고							
내일 할 일 체크							
밤의 점검 필사							
취침 시각	:	:	:	:	:	:	:

WEEKLY REVIEW

DEBRIEF   RELATIONSHIP

Q. 그동안 살면서 무례한 상대에게 용기를 내어 맞선 적은 언제인가?

1

2

3

Q. 지금 내 삶을 불편하게 만드는 잘라내야 할 인간관계는 무엇인가?

1

2

3

Q. 이와는 반대로 내가 감사함을 느끼고 진심을 다해 보답해야 할 사람은 누구인가?

1

2

3

미움받고

있다면

제대로

가고 있는 것이다

카일리 번버리

6주

ENDURANCE

인내

최후의 10분을 위해
끈질기게 버텨야 할 때

여러분한테
거짓말하지 않아요.
진짜 지옥이야.

하지만 이겨내야 해.
여기서 포기할 거야?

할 수 있어.
할 수 있다고 해.
할 수 있다고 해.

We're not going to lie to you.
It will be hell.

So stay strong.
Are you going to quit?

You can do this.
Say that you can.
Say that you can.

DAY 1

오늘은 아니다.
당신에게 속삭이는
즉각적인 만족감에
굴복하지 마라.

Not today.
Don't give in to the instant gratification that whispers to you.

- 조코 윌링크 Jocko Willink
  미국의 전 해군 특수부대 네이비씰 대원, 『Extreme Ownership』의 저자

✦

UDT 훈련에서 퇴교의 종류는 네 가지가 있다. 자진해서 종을 치거나, 평가 기록이 과락이거나, 몸을 다치거나, 인성에 문제가 있거나. 나는 교육생들이 가장 힘든 순간에 일부러 더 노골적으로 유혹을 한다. 훈련 중에 차가운 바닷물에 들어가 최악의 고통 속에서 버티게 하는 훈련이 있는데, 나는 물속에서 벌벌 떨고 있는 교육생들에게 지금 당장 종을 치기만 하면 따뜻한 물로 샤워를 할 수 있고 장작불 옆에 가서 피자와 커피를 먹을 수 있다고 속삭였다. 많은 교육생들이 이 말에 넘어가 훈련을 포기했다. Don't give in. 당신은 어떤가? 잠깐의 쾌락 앞에서 인생의 꿈을 저버리지 마라. 그랬다간 영원히 돌아갈 수 없으니까.

DAY 1

훈련에서 땀을 더 흘리면 전쟁에서 피를 덜 흘린다.

He who sweats more in training bleeds less in battle.

— 조지 S. 패튼 George S. Patton Jr.
제2차 세계대전 당시 유럽 전선에서 미군을 지휘한 야전사령관

✦

UDT 초급반에서 교관진에게는 즉결 퇴교 조치의 권한이 있다. 교육을 받는 인원 중에서 이기적으로 행동하거나 자기만 살겠다고 소위 '싸이드'를 피우는 교육생들에 대해서는 그냥 넘어가지 않았다. 그런 교육생들은 전쟁터에 나가도 똑같은 짓을 저지를 것이 분명하기에. 훈련 때마다 내가 돌변하는 이유다. 냉정해야 한다. 안전 장치가 다 마련된 훈련조차 버티면 못하면 실전은 어떻게 버틸 수 있겠는가?

DAY 2

성공은 대단한 일을 가끔 할 때보다 사소한 일을 꾸준히 할 때 찾아온다.

*Success doesn't come from what you do occasionally,
it comes from what you do consistently.*

- 마리 폴레오 Marie Forleo
  미국의 작가이자 사업가, 『Everything is Figureoutable』의 저자

✦

나는 루틴의 힘을 믿는다. 식사 후 곧장 설거지를 하거나 자기 전에 양치하는 것들도 모두 루틴이다. 내가 루틴을 중요하게 생각하는 이유는 이렇게 해야지 인생이 체계화되기 때문이다. 어떤 사람들은 운동을 시작하고 며칠 되지 않아 금세 포기한다. 그렇게 되면 계속해서 운동장에 가는 게 엄청나게 힘들어진다. 그런데 짧게라도 매일 꾸준히 운동하는 습관을 들이면 운동이 너무 쉬워진다. 헬스장에 가는 게 내 삶에 밀착이 된다. 그래서 나는 아무리 바쁘더라도 운동이든, 설거지든 결코 빠뜨리지 않는다. 그것이 무언가를 꾸준히 지속하는 가장 프로다운 길이기 때문이다.

DAY 2

시작하는 방법은
헛소리는 집어치우고
곧장 행동으로 들어가는 것이다.

The way to get started is to quit talking and begin doing.

- 월트 디즈니 Walt Disney
미국의 애니메이션 제작자, 월트 디즈니 컴퍼니의 설립자

✦

목표는 거창한데 움직이지 않는 사람들이 정말 많다. 내 주변에도 그런 지인들이 있다. 만날 때마다 사업을 준비한다고, 새 브랜드 론칭을 앞두고 있다고 신나게 떠들지만 다음에 다시 만나면 아무것도 진행되어 있지 않고 똑같은 말을 반복한다. 1년 내내 같은 이야기를 하는 사람도 있다. 나는 응원을 해주지만 친한 지인일 경우 놀리기도 한다. "너 그러다간 내년에도 똑같은 소리 할 것 같은데?" 잠재력이 있는 사람이라면 알아듣고 정신을 차릴 것이고, 그에 아니라면 또 내년에도 제자리에 서 있겠지. 설마 당신도 혀만 움직이고 있는가? 쓸데없는 말 집어치우고 지금 당장 뭐라도 해라.

DAY 3

당신 삶에 분주함이 없다면
재능은 당신을 그리 멀리
데려가 주지 못할 것이다.

Without hustle,
talent will only carry you so far.

- 개리 바이너척 Gary Vaynerchuk
  미국의 사업가이자 소셜 미디어 전문가, 『Crush It!』의 저자

✦

사람들은 내게 "왜 그렇게 바쁘게 사냐"고 종종 물어본다. 그렇게 살면 힘들지 않냐고 물어본다. 그런 사람들에게 나는 "너무 즐겁다"고 답한다. 누군가는 바쁘게 살고 싶어도 바쁠 수 없는데. 일을 하고 싶어도 할 일이 없어서 노는 사람이 정말로 많다. 이 글을 쓰는 오늘도 나는 분주하고 힘들었지만 꽤 보람 있는 하루를 보냈다. 이렇게 하루를 꽉 채워 보내면 너무 기분이 좋다. 그리고 오히려 마음이 편안해진다. 이런 하루가 모이고 모여 값진 인생이 만들어진다는 단순한 진리를 나는 오래전부터 믿고 있다.

DAY 3

당신의 유일한 한계는
스스로가 설정한 한계뿐이다.

Your only limitations are those you set upon yourself.

- 로이 T. 베넷 Roy T. Bennett
세계적인 동기부여 연설가, 『The Light in the Heart』의 저자

✦

나는 인생을 대충 살지 않았다. 어쩌면 순탄하게 살 수도 있었지만 남들의 조언이나 바람과는 정반대의 길로 걸어갔다. 네가 무슨 군사대학에 가냐며 만류했지만 버지니아군사대학에 입학했고, 동양인은 네이비씰이 될 수 없을 것이라고 주변에서 비웃었지만 도전했고, 한국어가 서툴러서 한국군 장교가 될 수 없을 것이라고 말렸지만 해군 장교로 임관했다. 인생, 대충 살아도 된다. 하지만 그렇게 살 것이라면 살 이유가 없다고 본다. 인간의 잠재력에는 한계가 없다. 어디까지 갈지는 아무도 모른다. 당신은 당신의 잠재력을 어디까지 예상하나? 그 잠재력을 위해 얼마나 끈질기게 버티고 있는가?

DAY 4

인내 | 079

운동할 시간을 내지 못한다면 아마 당신은 질병에 걸릴 시간을 내야 할 것이다.

*If you don't make time for exercise,
you'll probably have to make time for illness.*

- 로빈 샤르마 Robin Sharma
세계적인 동기부여 연설가이자 베스트셀러 작가, 『The Monk Who Sold His Ferrari』의 저자

✦

내가 아무리 바빠도 운동을 쉬지 않고 꾸준히 하는 이유는 건강Health 때문이다. 건강을 잃으면 자신의 일과 삶을 제대로 챙길 수 없고 가족도 지킬 수 없다. 네이비씰 전체 과정을 수료하면 미군에서 가장 얻기 어려운 휘장 '트라이던트Trident'를 가슴에 달게 된다. 이때 계약서에 서명을 해야 하는데 거기에 이렇게 적혀 있다. "The Trident is a privilege that I must earn every day." 네이비씰 휘장은 수료할 때 한 번 받고 끝나는 게 아니라, 제대를 하더라도 평생 동안 매일 네이비씰임을 증명해야 한다는 뜻이다. 특히 누군가를 교육하고 이끄는 사람이라면 자신의 프로페셔널 이미지를 유지하기 위해 운동은 필수적이다.

DAY 4

우리는 우리가 반복하는 것에 의해 정의된다.
탁월함은 행위가 아니라 습관이다.

We are what we repeatedly do.
Excellence, then, is not an act, but a habit.

- 윌 듀런트 Will Durant
  퓰리처상을 수상한 미국의 철학자이자 역사학자, 『The Story of Civilization』의 저자

✦

나는 먹고 싶은 음식은 마음껏 먹는다. 단, 매일 몸무게를 잰다. 체중이 늘거나 줄면 그에 맞춰 칼로리 섭취량과 소모량을 조절한다. 20대 때는 아무거나 먹고 양 조절을 하지 않아도 살이 찌지 않았지만, 30대가 되면서 식단을 관리하고 칼로리를 제한해야겠다는 생각이 들었다. 보통 2500kcal를 유지하면 체중에 큰 변화가 없다. 체중을 '72'로 유지하는 것이 내 목표인데 하루하루 이 작은 목표를 반복하며 기본적인 생활 습관을 다진다.

DAY 5

상황을 바꿀 수 없을 때, 우리는 자신을 변화시킬 수밖에 없다.

When we are no longer able to change a situation,
we are challenged to change ourselves.

- 빅터 프랭클 Viktor Frankl
  오스트리아의 신경정신과 의사이자 심리학자, 『Man's Search for Meaning』의 저자

✦

미국에서 네이비씰 장교가 되기 위해 훈련을 받고 장교 교육까지 수료했지만, 결국 미국인이 아니라는 이유로 그 목표를 이루지 못했다. 물론 시민권을 획득해 추후에 지원할 수도 있었지만 그건 내가 당장 어떻게 해볼 수 있는 선택지가 아니었다. 이렇게 상황을 바꿀 수 없을 때는 '나'를 바꿔야 한다. 평생 미국에서 자란 내가 갑자기 한국인이 된다는 것은 정말 큰 도전이었다. 일단 한국어를 처음부터 다시 배웠다. OCS에 지원하기 위해 과외까지 받아가며 국어와 국사 시험을 준비했고, 교보문고에 가서 구입한 기출시험 문제집을 통째로 외웠다. 그렇게 나는 필기시험에 합격해 당당히 한국인으로서 해군 장교로 임관했다.

DAY 5

힘이 드는가?
오늘 걷지 않으면
내일은 뛰어야 한다.

Are you tired?
If you don't walk today,
you should run tomorrow.

- 카를레스 푸욜 Carles Puyol
스페인 출신의 전설적인 축구 선수이자 FC 바르셀로나의 주장

✦

나는 수영을 여섯 살에 처음 시작해 15년간 선수로서 각종 훈련을 받았다. 이 시간들이 모여 지금의 내가 만들어졌다고 생각한다. 그 덕분에 해군 입대 후 각종 군사 훈련은 물론이고 UDT 훈련도 큰 무리가 없었다. 몇 년 전에는 울릉도에서 독도까지 약 90km를 헤엄쳐서 갔다. 근데 그것도 너무 쉬웠다. 내가 특별히 강하게 태어나서 그런 게 아니다. 그저 오랫동안 꾸준히 지속했기 때문이다. 그런데 인생의 모든 일이 그렇다. 무엇이든 단 하루도 빠지지 않고 반복해야 실력이 향상된다. 그러니 오늘을 넘기고 내일부터 하겠다는 망상은 당장 쓰레기통에 처넣어라.

DAY 6

시련이 사람을 만드는 것이 아니다.
시련은 단지 그 사람이
어떤 사람인지 드러낼 뿐이다.

Adversity does not create character.
It reveals it.

- **에픽테토스** Epictetus
  고대 로마의 철학자이자 스토아 철학자, 「Ta eis heauton」의 저자

사람의 진짜 성격은 언제 나타날까? 내 경험상 극한 상황에 몰릴 수밖에 없는 전쟁터에 가면 진짜 성격이 나온다. 네이비씰 훈련을 받았을 때도 겉보기엔 엄청 착하고 순진해 보이던 외국인 동기 교육생이 돌변하는 것을 목격했다. 우크라이나에서도 마찬가지였다. 공포와 고통이 사람을 그렇게 만드는 것이다. 그래서 아무리 혹독한 상황에서도 인간으로서의 자존심을 지키려면 더 강해져야 한다. 그래야 상황에 휘둘리지 않는다.

DAY 6

인내심은 긴 경주가 아니다.
연달아 이어지는 수많은 짧은 경주다.

Perseverance is not a long race.
It is many short races one after the other.

- 월터 엘리엇 Cal Ripken Jr.
1918년부터 죽기 직전까지 40년 가까이 영국 의회에서 활동한 스코틀랜드의 정치인

선천적 능력은 탁월한데 게으른 사람과 선천적 능력은 조금 부족하지만 근면하고 성실한 사람이 있다면 누구를 부하로 키워야 할까? 당연히 후자의 사람이다. 부지런하다는 것은 더 나은 존재로 거듭나고자 하는 열정이 있다는 뜻이다. 아무리 힘든 훈련도, 아무리 가혹한 환경도 기필코 극복하겠다는 의지가 있는 상태다. 그래서 나는 능력은 조금 떨어져도 성실하고 꾸준한 사람을 더 좋아한다. 그리고 대부분 이런 사람들이 자기 분야에서 승자가 되었다.

DAY 7

챔피언은 승리의 횟수로 평가되지 않는다.
넘어졌을 때 얼마나 빠르게,
어떻게 회복하는지로 평가된다.

A champion is defined not by their wins but by how they can recover when they fall.

- 세레나 윌리엄스 Serena Williams
  올림픽에서 4개의 금메달을 딴 미국의 테니스 선수, 남녀 통틀어 5명뿐인 커리어 골든 슬래머 중 1명

✦

전쟁에서 살아남는 방법은 아무리 절망적인 상황에서도 '망했다'라고 생각하지 않는 것이다. 나는 불리한 상황에서 작전을 치르면서도 한 번도 '망했다'는 생각을 해본 적이 없다. 왜냐하면 그런 생각이 깃드는 순간에 이미 패배가 결정되므로. 아무리 어려운 상황에서도 포기하지 않고 재빨리 대응하기만 하면 적어도 생존할 수 있는 확률은 사라지지 않는다. 몇 번을 실패해도 다시 도전할 수 있는 의지의 지구력, 이것이 챔피언이다.

DAY 7

몸을 망치는 유일한 방법은
사용하지 않는 것이다.

The only way you can hurt the body is not using it.

— 잭 라래인 Jack LaLanne
현대 웰니스 산업 개척자이자 미국 최초의 피트니스센터를 개업한 인물, 23분간 팔굽혀펴기 1100회 기네스 기록 소유자

✦

나는 수많은 교육생들을 굴려봤다. 그래서 어떻게 하면 교육생이 더 고통을 받을지, 어떻게 하면 멘탈이 붕괴될지를 엄청나게 잘 알고 있다. 자존심을 건들고, 약점을 파고들고, 열등감을 느끼게 해 결국 스스로 한계를 돌파하게 만드는 것이다. 그러기 위해선 안타깝지만 엄청난 인내의 시간을 통과해야 한다. 살면서 겪어 보지 못한 고통을 겪어야 하고 자존심이 개박살 나야 한다. 이 길고 어두운 터널을 지나가야만 인간은 더 단단해진다. 나도 겪었고 교육생들도 겪게 될 운명이다. 그래서 나는 절대 봐주지 않는다.

RECORD

WEEK 6

MORNING ROUTINE

DAY	1	2	3	4	5	6	7
기상 시각	:	:	:	:	:	:	:
새벽의 다짐 필사							
워밍업							
체중	kg	kg	kg	kg	kg	kg	kg
세면							
오늘 할 일 체크							

NIGHT ROUTINE

DAY	1	2	3	4	5	6	7
운동							
세면							
하루 회고							
내일 할 일 체크							
밤의 점검 필사							
취침 시각	:	:	:	:	:	:	:

WEEKLY REVIEW

DEBRIEF   ENDURANCE

Q. 그동안 살면서 당신이 1년 이상 꾸준히 지속한 활동 혹은 경력은 무엇인가?

1

2

3

Q. 올해 당신이 꾸준히 실천하고자 하는 운동이나 취미 혹은 프로젝트는 무엇인가?

1

2

3

Q. 당신의 일상에서 무언가를 꾸준히 반복할 수 있는 작은 순간이나 자투리 시간은 언제인가?

1

2

3

장애물이

곧 길이다

라이언 홀리데이

7주

LEARNING

학습

지속 가능한 성장을 위해
겸손하게 배워야 할 때

살아라,
행복하게 살아라.
강하게 살아라.

그리고 네가 될 수 있는
최고가 되어라,
바로 오늘.

Live,
live well,
stay hard.

And be the best version of yourself,
starting today.

DAY 1

학습 | 087

내일 죽을 것처럼 살아라.
영원히 살 것처럼 배워라.

Live as if you were to die tomorrow.
Learn as if you were to live forever.

- 마하트마 간디 Mahatma Gandhi
  인도의 독립운동가이자 비폭력 저항 운동을 이끈 지도자

봐야 할 시험도 없고, 따야 할 자격증도 없지만 나는 꾸준히 공부를 하고 있다. 그만큼 벌었고, 그만큼 이뤘는데 굳이 왜 더 공부를 하냐고 사람들은 물어본다. 하지만 사람은 계속 발전해야 하고, 이 발전의 한계는 죽을 때까지 사라지지 않는다. 죽기 직전까지 배우고 익혀야 한다는 뜻이다. 이 세상에는 알아야 할 지식이 너무 많다. 그래서 나는 죽을 때까지 영원히 계속 공부할 것이다. 내가 속한 분야에서 최고가 되기 위해.

DAY 1

학습 | 088

인생의 유일한 장애는
불량한 태도다.

The only disability in life is a bad attitude.

- 스콧 해밀턴 Scott Hamilton
미국의 피겨스케이팅 선수, 1981~1984년 세계선수권대회 등 4연패 달성

✦

겸손은 매우 중요한 자질이다. 도덕적으로 뛰어나지려고 겸손의 자세를 택하라는 말이 아니다. 자만하지 않고 늘 자신이 부족하다고 생각하는 태도를 갖출수록 잔인한 전쟁터에서 생존할 확률은 높아진다. 자신의 약점과 결핍을 인지하고 그것을 개선하려고 노력하는 사람은 당연히 전쟁터에서 살아남을 확률이 높다. 그런데 자신감과 겸손은 반비례하는 개념이 아니다. 자신감 있는 용기를 발휘하면서도 겸손한 자세를 지키는 것. 이것이 진정한 군인의 모습이라고 믿는다.

DAY 2

학습 | 089

이미 가진 것에 집중한다면
당신의 삶은 늘 풍족할 것이다.
갖지 못한 것에 집착한다면
당신의 삶은 늘 궁핍할 것이다.

If you look at what you have in life, you'll always have more.
If you look at what you don't have in life, you'll never have enough.

- 오프라 윈프리 Oprah Winfrey
  총 38개의 방송상을 수상한 미국의 방송인이자 사업가, 『What I Know for Sure』의 저자

✦

해군 현역 시절 나는 장교 기숙사BOQ에서 살았다. 원룸 구조라 방이 작았지만 내겐 전혀 부족함이 없는 공간이었다. 사격 훈련, 폭파 훈련, 강하 훈련, 잠수 훈련 등 내가 좋아하고 잘할 수 있는 것들을 직업으로 삼을 수 있어서 행복했다. 나는 언제나 내가 갖지 못한 것이 아니라 이미 갖고 있는 것에 집중하며 살아왔다. 내게는 지금 소중한 가족이 있고, 내가 만든 브랜드가 있고, 열정을 쏟을 수 있는 일이 있다. 당신은 지금 무엇을 갖고 있는가? 엉뚱한 것에 한눈팔지 말고 당신이 이미 갖고 있는 소중한 것들에 집중하라.

DAY 2

항상 겸손하고 굶주려 있어라.
그리고 방 안에서
가장 열심히 일하고 분주한 사람이 되어라.

*Be humble, be hungry,
and always be the hardest worker in the room.*

- 드웨인 존슨 Dwayne Johnson
미국의 배우이자 스포츠 스타, 미국 프로레슬링 최전성기를 이끈 전설적인 프로레슬링 선수

✦

내 비전은 '최고의 군사 전문가가 되는 것'이었다. 이 비전을 이루기 위해 내 젊은 인생을 다 바쳤다. 누가 미쳤다고 네이비씰 훈련과 UDT 훈련을 두 번이나 받으려고 하겠나? 내 비전이 시키니까 힘은 들어도 기꺼이 하게 됐다. 그리고 최고가 되겠다는 내 꿈은 아직도 현재진행형이다. 비전이라는 것은 끝이 없다. 살아 있는 한 영원히 지속되는 게 비전이다. 그래서 나는 여전히 배가 고프다. 그리고 계속해서 배우고 훈련할 것이다. 누가 시키지 않더라도.

DAY 3

학습 | 091

삶을 사는 데에는 두 가지 방법이 있다.
하나는 기적이 전혀 없다고 여기는 것이고,
또 하나는 모든 것이 기적이라고 믿는 것이다.

There are only two ways to live your life.
One is as though nothing is a miracle.
The other is as though everything is a miracle.

- 알베르트 아인슈타인 Albert Einstein
독일 태생의 이론물리학자, 인류 최초로 상대성 이론을 제시한 과학자

✦

이 명언에서 둘 중 하나를 택한다면 당연히 후자의 삶을 택할 것이다. 내겐 삶의 모든 것이 기적 같은 선물이었다. 아침마다 거실에 나가 창밖에 펼쳐진 오션뷰와 시티뷰를 바라보며 승리에 대해 생각한다. '모든 것에 감사한다.' 이런 마음을 품고 살게 된 것은 예전에 만난 어느 동료 군인과의 인연 덕분이다. 어떤 상황에서 그가 지나가는 말로 깊은 생각 없이 던진 말이었는데, 그 순간 그의 말이 내 의식을 강타했다. "네가 갖고 있는 것에 감사함을 느껴라." 그 순간부터 삶의 태도가 바뀌었다. 이런 삶의 자세를 일깨워 준 그에게 지금도 감사한 마음을 갖고 있다.

DAY 3

학습 | 092

시력을 잃은 것보다 더 안 좋은 것은 시력은 있는데 비전이 없는 것이다.

The only thing worse than being blind is having sight but no vision.

- 헬렌 켈러 Helen Keller
  미국의 작가이자 시각 장애인 인권 운동가, 『Three days to see』의 저자

✦

눈은 달려 있지만 눈을 감은 채로 사는 사람들이 진짜 존재한다. 내 인생도 아닌데 굳이 참견할 필요는 없지만, 그래도 그런 사람들을 보면 정말 안타깝다. 이 책을 통해 정신을 리셋시켜 주고 싶은 사람들도 이런 사람들이다. 멘탈을 하루아침에 바꿀 수는 없겠지만 일단 '세상을 보는 시야', '삶을 대하는 태도', '목표를 설정하는 의식' 등 마인드셋은 충분히 변화시킬 수 있다. 자신의 현실을 직시할 용기와 배우려는 의지만 준비하면 된다. 눈을 떠라, 삶은 아직 끝나지 않았다.

DAY 4

자신의 기쁨을 따르라.
그러면 우주는 벽만 있던 곳에
문을 열어줄 것이다.

Follow your bliss and the universe will open doors where there were only walls.

- 조지프 캠벨 Joseph Campbell
  미국의 신화학자이자 작가, 『The Hero with a Thousand Faces』의 저자

✦

나는 최악의 순간에도 긍정적인 마인드를 잃지 않는다. 극한 상황에서 오히려 포지티브 에너지가 폭발하는 것 같다. 어떻게 이게 가능할까? 나는 다양한 실전과 훈련을 겪으며 부정적인 마인드에 휩쓸리지 않고 긍정적인 마인드를 유지하는 방법을 자연스럽게 터득했다. 내가 이런 마음을 유지할 수 있는 근본적인 이유는 세상에 감사할 것이 너무나 많다는 것을 잘 알기 때문이다. 그런데 삶이 불행한 사람들의 공통점은 '감사하는 마음'이 없다는 것이다. 작은 것에도 감사할 줄 알면 인생의 모든 것이 행복해진다.

DAY 4

나는 평화로운
노예로 사느니,
차라리 위험천만한
자유를 택하겠다.

I would rather have dangerous freedom than live as a peaceful slavery.

- 토머스 제퍼슨 Thomas Jefferson
미국의 제3대 대통령, 미국 '독립선언서' 기초를 작성한 인물

✦

내가 자랑스럽게 생각하는 것 중 하나는, 내가 미국 네이비씰의 전 과정을 수료한 최초의 외국인 군인이라는 사실이다. 그후 우리 해군에서 복무를 마치고 외국의 민간군사기업PMC에서 일했다. 수많은 기관에서 군사 컨설턴트 임무를 수행했고, 또한 UN과 미국 국무부에서도 근무했다. 일종의 공무원이었다. 당시 어머니는 아들이 안정적인 삶을 살기를 바라는 뜻에서 그곳에서 오랫동안 일하기를 바라셨다. 나쁘지 않은 조건이었다. 하지만 내게는 내 브랜드와 사업을 론칭하고 싶은 꿈이 있었다. 그래서 사표를 냈다. 그렇게 결국 UN에서 나와 지금의 ROKSEAL을 시작했다.

DAY 5

학습 | 095

더 높게 날아오를수록
날지 못하는 사람들에게는
더 작게 보일 것이다.

The higher we soar the smaller we appear to those who cannot fly.

- 프리드리히 니체 Friedrich Nietzsche
독일의 철학자이자 작가, 근대 철학을 설계한 수많은 아포리즘 저작을 남긴 거인

✦

만약 내가 20대의 나를 마주할 수 있다면 좀 더 겸손해지라고 말해줄 것 같다. 더 높은 곳을 향해 나아가는 사람은 언제나 비판과 의심을 마주한다. 그 당시 나는 워낙 훈련도 잘 받았고 체력도 강했다. 전술적으로도 최고의 역량을 발휘하고 있었다. 그래서 수많은 관심과 함께 시기, 질투를 참 많이 받았다. 사람들의 그런 부정적인 시선에 응수하기 위해 일부러 더 거만하게 행동했다. 나를 질투하고 욕하는 사람들에게 복수하려고, 그들이 나를 보며 더 배 아파 하도록. 지금 생각하면 어차피 다 아니까 그러지 않아도 됐을 텐데 싶다. 그래서 40대의 이근이 20대의 이근을 만날 수 있다면 '겸손'이라는 두 글자를 전해주고 싶다.

DAY 5

학습 | 096

어떤 사람이 남들과 속도를 맞추지 못한다면, 어쩌면 그 이유는 그 사람이 다른 북소리를 듣고 있기 때문일 것이다.

If a man does not keep pace with his companions, perhaps it is because he hears a different drummer.

- 헨리 데이비드 소로 Henry David Thoreau
미국의 철학자이자 작가, 『Walden, or Life in the Woods』의 저자

✦

나는 세상의 속도를 신경 쓰지 않고 살아왔다. 왜? 너무 느려서. 더 잘하고 싶고 발전시키고 싶은 게 엄청나게 많은데 느려터진 세상의 속도에 나를 맞췄다간 이루고 싶은 것의 반도 못 이룰 것 같았다. 그래서 세상 속도 따위는 무시하고 그냥 내 속도로 달려갔다. 너무 빠르게 움직여서 세상이 내 속도를 따라오지 못할 정도다. 내가 사람들에게 욕을 먹고 공격을 당하는 것도 다 그런 이유라고 생각한다. 그들이 사는 세상과 내가 사는 세상의 속도는 전혀 다르니까.

DAY 6

우리는 무엇을 몰라서
곤경에 빠지는 게 아니라,
확실히 알고 있다는
착각 때문에 곤경에 빠진다.

It ain't what you don't know that gets you into trouble.
It's what you know for sure that just ain't so.

- 마크 트웨인 Mark Twain
미국의 소설가, 『Adventures of Huckleberry Finn』 등 수많은 이야기집을 남긴 작가

능력은 뛰어난데 너무 오만해서 스스로를 망치는 사람들을 많이 봐왔다. 가진 것이 많고 재능이 탁월할수록 더 겸손해야 하는데 오히려 정반대로 걸어가는 사람들을 숱하게 만났다. 나는 겸손도 능력과 자질이라고 생각한다. 그래야 하나라도 더 배워서 더 강해질 테니까. 자기가 다 안다고, 자기가 다 할 수 있다고 건방을 떠는 사람은 결코 오래가지 못한다.

DAY 6

행동의 기반이 되는
요소의 4분의 3은
크든 작든 늘 불확실성의
안개에 둘러싸여 있다.

Three quarters of the factors on which action is based are wrapped in a fog of greater or lesser uncertainty.

- 칼 폰 클라우제비츠 Carl von Clausewitz
  프로이센의 군인이자 사상가, 『On War』의 저자

✦

작전을 수행할 때 실제로 싸우는 것이 핵심이지만 그 전에 정말 중요한 단계는 정보 탐색이다. 적군의 약점은 무엇이고 어떤 부분이 민감한 변수일지 샅샅이 파악하려고 노력한다. 우크라이나 전쟁 현장에서도 가장 먼저 한 일이 정보 수집이었다. 러시아군의 약점은 열악한 광학장비였다. 야간투시경이 미확보된 점을 노려 주로 야간에 기습전을 펼쳤고 그때마다 큰 성과를 냈다. 전쟁이든, 인생이든 더 끈질기게 학습하고 탐구하는 놈이 이기는 것이다.

DAY 7

세상이라는 퍼즐의
한 조각이 되어라,
너 없이는 완성될 수 없도록.

Become a piece of the puzzle of the world,
so that it cannot be completed without you.

- 서양 속담

✦

내가 살아가는 세상을 거대한 퍼즐판이라고 했을 때, 내가 기여할 수 있는 퍼즐 한 조각은 무엇일까? 내 퍼즐은 국내 최고의 군사 전문가가 되어 세상에 기여하는 것이다. 지금까지 내가 쌓은 수많은 경력과 경험, 그리고 이론과 지식을 계속 연마하고 발전시켜 가장 높은 수준의 군사 컨설팅을 제공할 수 있는 전문가로 활동하는 것이 내 비전이다. 세상이라는 거대한 퍼즐판의 마지막 퍼즐 한 조각이 되기 위해 지금도 계속해서 배우고 노력한다. 당신도 이 책을 읽고 그 무엇으로도 대체될 수 없는 한 조각 퍼즐이 되기 위한 여정을 시작하기 바란다. 이미 시작했다면 더 좋고.

DAY 7

학습 | 100

밤의 점검

승리는 가끔 하는 것이 아니다.
승리는 항상 해야 하는 것이다.

Winning is not a sometime thing.
It's an all the time thing.

- 빈스 롬바르디 Vince Lombardi
미국의 미식축구 선수 출신 감독, 9년간 NFL에서 5회의 슈퍼볼과 2회의 우승을 거둔 스포츠 지도자

무언가를 시작도 하기 전에 '오늘은 2등을 하겠다', '오늘은 3등을 하겠다'와 같은 각오를 다지는 사람은 없을 것이다. 스포츠 시합에 나간다면 이기기 위해 나가는 것이고, 시험 공부를 한다면 합격하기 위해 밤을 새워 공부하는 것이고, 사업을 한다면 경쟁자를 꺾고 이름을 떨치기 위해 도전하는 것이다. 그렇다면 전쟁의 목표는 무엇일까? 이겨서 살아 돌아가는 것이다. 그 나머지는 죽음뿐이다. 이런 마인드셋이 준비되지 않았다면 패배를 준비해야 한다. 그래서 나는 항상 배가 고프다. 내일도 이겨야 하기 때문에. 내일도 반드시 1등을 하겠다는 각오로 인생에 달려들어라. 이게 내 마지막 조언이다.

RECORD

WEEK 7

MORNING ROUTINE

DAY	1	2	3	4	5	6	7
기상 시각	:	:	:	:	:	:	:
새벽의 다짐 필사							
워밍업							
체중	kg	kg	kg	kg	kg	kg	kg
세면							
오늘 할 일 체크							

NIGHT ROUTINE

DAY	1	2	3	4	5	6	7
운동							
세면							
하루 회고							
내일 할 일 체크							
밤의 점검 필사							
취침 시각	:	:	:	:	:	:	:

WEEKLY REVIEW

DEBRIEF   LEARNING

Q. 올해 새롭게 배우겠다고 다짐한 것은 무엇인가?

1

2

3

Q. 인생에서 당신에게 깊은 가르침과 영감을 주는 사람은 누구인가?

1

2

3

Q. 겸손한 마음을 유지하기 위해 일상에서 실천해야 할 행동 3가지는 무엇인가?

1

2

3

크게 꿈꾸어라

작게 시작하라

지금 행동하라

로빈 샤르마

END STATE

축하드립니다. 여기까지 오셨군요. 인생에서 가장 중요한 승리Victory는 내 자신을 이기는 것입니다. 남들이 정해놓은 규칙이나 기준 말고 내가 정한 규칙과 기준으로 성공을 하는 것이죠. 이렇게 보면 사람마다 의미가 전부 다르겠지만 딱 한 가지 공통점이 있습니다. 바로 그 성공이라는 게 내가 꾸었던 꿈이었느냐, 그래서 지금 내가 행복하게 살고 있느냐.

이 기준으로 봤을 때 저는 제 삶이 무척 행복합니다. 아침에 일어나서 저만의 루틴을 마친 뒤 거실 블라인드에 서서 창밖을 내다볼 때마다 전 늘 '승리하는 기분Feeling'을 느낍니다. 말로 다 표현할 수 없는 벅찬 감정입니다. 업무를 시작하기 전에 저는 창밖을 내다보며 마인드셋을 다집니다. 가장 쉽고 단순하게 승리의 감정을 느끼는 저만의 의식입니다.

'그동안 정말 많이 고생했다.'
'내가 여기까지 온 건 혼자의 힘이 아니었다.'
'소중한 가족들, 그리고 나를 가르쳐준 다양한 사람들이 있어서 가능했다.'
'그래서 정말 감사하다.'

팬들에게 싸인을 해줄 때 제가 늘 쓰는 말이 있습니다.

"Don't give up."

고마운 마음을 전하려고 쓰는 응원이지만 이상하게 이 문장을 적고 나면 왠지 저도 기분이 좋아집니다. 왜냐하면 이 문장의 힘을 제가 진심으로 믿기 때문입니다.

지금의 저를 만들고 지금의 성공을 만든 문장을 남들에게 전한다는 사실 그 자체가 좋습니다.

Don't give up. 그래서 저는 늘 이 문장을 주변 사람들에게 적어줍니다. 저라는 존재가 누군가에게 도움이 되었다는 것을 느끼는 것, 제겐 그게 또 한 번의 승리니까요. 여러분은 언제 승리하는 기분을 느끼나요? 최근엔 언제 그런 충만한 행복감을 느꼈나요? 제가 매일 승리하는 기분을 느끼고 있듯이 이 책을 읽고 쓴 여러분도 매일 여러분만의 승리를 찾길 바랍니다.

지금부로 모든 과정은 종료됩니다. 7주간 훈련을 받느라 정말 고생 많았습니다. 축하드립니다.

더 빅토리 북

멘탈 리셋 7주 필사 프로젝트

이근 지음

초판 1쇄 인쇄 2025년 3월 14일	주소 경기도 파주시 문발로 139, 401호
초판 1쇄 발행 2025년 3월 28일	전화 070-8211-2265
지은이 이근	팩스 0504-141-5750
펴낸곳 자크드앙	이메일 official@zacdang.net
디자인 유어텍스트	신고번호 제2024-000142호
제작 ㈜공간코퍼레이션	홈페이지 instagram.com/zacdang_

ISBN 979-11-990232-3-9 (03390)

- 책값은 뒤표지에 있습니다.
- 잘못 만들어진 책은 구입처에서 교환해드립니다.

자크드앙은 함께 선을 넘고 점 하나를 찍을 독자 여러분의 제안과 투고를 기다립니다.

© 이근, 2025

이 책은 저작권법에 의하여 보호받는 저작물이므로 무단전재와 무단복제를 금합니다.
이 책의 내용 일부 또는 전부를 재사용하려면 반드시 출판사와 저자의 동의를 얻어야 합니다.

7 WEEKS

7